자신감을 높여주는 스피치 특강
표현과 소통

자신감을 높여주는 스피치 특강
표현과 소통

초판 1쇄 발행 | 2018년 1월 5일

지 은 이 | 신지희
펴 낸 이 | 이성범
펴 낸 곳 | 도서출판 타래
책임편집 | 정경숙
표지디자인 | 김인수
본문디자인 | 권정숙

주소 | 서울시 마포구 성지3길 29 그레이트빌딩 3층
전화 | (02)2277-9684~5 / 팩스 | (02)323-9686
전자우편 | taraepub@nate.com
출판등록 | 제2012-000232호

ISBN 978-89-8250-102-9 (13320)

- 이 책은 저작권법에 의해
  한국 내에서 보호를 받는 저작물이므로
  무단 전재와 무단 복제를 금합니다.
- 값은 뒤표지에 있습니다.
- 파본은 구입한 서점에서 교환해 드립니다.

자신감을 높여주는 스피치 특강

표현과 소통

당당하게 표현하고 거침없이 소통하라!

신지희 지음

도서출판 **타래**

PROLOGUE

말이
통하는
사람이
되라!

누군가의 말은 어록이 되고, 누군가의 말은 똥이 되는 세상이다.

일파만파. 빛보다 빠른 속도로 전파되는 말의 위력 앞에서 어떤 이는 아예 입을 닫고 있다가 낭패를 당하고, 어떤 이는 쉬지 않고 떠들다가 실수를 한다.

입은 그야말로 재앙을 부르는 문이자, 사람의 마음을 베는 칼이지만, 인간관계를 잇는 가장 큰 소통의 도구라는 점에서 제대로 관리해야 한다. 그렇다면 과연 진정한 표현과 소통의 의미는 무엇이며 소통을 잘하는 이들에겐 어떤 특별함이 있는 것일까?

표현과 소통에 관련된 책을 집필하는 저자 중 자신의 소통에 대해 제일 먼저 생각해보지 않는 사람은 아마 없을 것이다. 나 역시도 이 책의 주제가 정해지는 순간 내가 과연 표현과 소통의 기술에 대해 이야기할 만큼 소통의 큰 깨달음이 있는 사람일까라는 질문을 스스로에게 하며 오랫동안 고민하고 되새겨 보았다.

그러다 유레카적인 생각이 떠올랐으니 그것은 바로 그 어느 누가 됐든 태어나면서부터 관계를 잘 형성하고, 의사 전달을 잘하고, 누구와도 잘 맞고, 막힘없이 통하는 사람은 아니었다는 확신이다.

소통이란 서로 통하여 오해의 소지가 없게 하는 것이라는데 이의를 제기하는 사람은 아마도 없을 것이다.

진정한 소통이란 100명 또는 1,000명 모두와 잘 어울리는 수적 관계 형성의 의미보다는 한 사람, 한 사람과의 관계에 있어서 온전히 시로를 헤아리며 그 가운데 배려가 존재하는, 여기에 한 치의 가식과 모순이 존재하지 않는, 그러면서도 가장 중요한 쌍방향 소통이 이루어지는 커뮤니케이션을 기본으로 하는 Depth적 인간관계이다.

그런데, 이처럼 진정한 소통을 하는 사람이 존재하긴 하는 것일까? 우선 나는 이 질문을 이 책의 독자인 당신 스스로가 자신에게 먼저 해보기를 바란다.

당신은 내가 정의한 바와 같이 진정으로 소통하는 누군가가 주위에 있느냐는 질문에 어떻게 대답할 것인가? 더불어 누군가에게 있어 진정한

PROLOGUE

소통의 상대가 바로 당신이라는 확신이 드는가? 만일 그러한 소통을 하고 있는 사람이 단 한명이라도 당신 주위에 있다면 당신은 이미 소통의 달인이며, 앞으로 모든 사람과 소통할 수 있다는 확신을 가져도 된다.

소통은 한 사람의 노력만으로 완성되는 것이 아니며, 이심전심으로 서로의 마음이 전해져 완성되는 관계의 결실이다.

따라서 진정으로 소통을 잘하는 사람들에게 있는 그 무엇은 날 때부터 갖고 있는 뛰어난 재량이 아닌, 여러 시행착오를 통해 인고의 시간을 겪는 과정에서 얻어진 경험과 깨달음이라 말할 수 있겠다. 노력한 것 없이 운 좋게 코드가 잘 맞는 사람들을 만나 얻어진 소통이 아닌, 그야말로 현장에서 터지고 갈리고 독기를 품고 그것을 깎아내며 얻어진 자신만의 노력으로 이루어진 산물이 진정으로 소통을 할 줄 아는 이들만이 갖고 있는 특별함이다. 이것이 소통의 강력한 기술임을 알고 지금부터 셀프 스피치 트레이닝을 시작해 보자.

CONTENTS

Prologue
말이 통하는 사람이 되라! 04

Lesson 01
자신감을 높여주는
스피치 트레이닝

나도 목소리 미남 미녀가 될 수 있다　14
내가 원하는 좋은 목소리를 갖는 방법　22
내 안에 잠들어 있는 멋진 목소리를 꺼내라!　33
목소리로 나의 몸값을 올려라!　39
타인에게 들리는 나의 진짜 목소리를 확인하는 방법　45
"나 지금 떨고 있니?", 나약함을 들키지 않는 복식 호흡의 원리　49
스피치를 잘하게 만드는 셀프 트레이닝　54

6 〈 7

CONTENTS

Lesson 02
스피치를 업그레이드 시키는 기술

나를 살리는 스피치의 비밀은 Back to the Basic 에 있다　**62**

리듬을 살리는 단계별 발성 훈련법　**67**

나를 또렷하게 각인시키는 정확한 발음 훈련법　**72**

상대의 귀에 꽉 박히는 전달법의 비밀　**80**

표현의 시대, 감정 표현의 달인이 되는 방법　**89**

말의 속도 조절을 통해 상대를 집중시키는 스피치 밀당　**93**

Lesson 03

청중을 사로잡는 프레젠테이션 스킬

설득형 프레젠테이션을 할 것인가,
정보제공형 프레젠테이션을 할 것인가   104

발표자인 당신은 주연이 아닌 조연이라는 것을 기억하라!   108

청중의 입맛에 맞는 요리를 하듯 발표 준비를 하라!   111

프레젠테이션 오프닝은 영화 예고편을 보여주듯이 하라!   118

표정과 동작으로 오프닝 3분 안에 청중을 사로잡아라!   127

원고 없는 프레젠테이션은 존재하지 않는다   137

감성을 터치해서 감동을 주는 클로징 기법   144

눈빛과 손짓으로 말하는 프레젠테이션 스킬   151

프레젠테이션은 준비에서 판가름 난다   163

CONTENTS

Lesson 04

상대의 마음을 빼앗는 스피치 비결

상대에게 마음을 전할 때는 I Message 전달 기술을 써라!   170

스몰토크로 상대의 마음을 열어라!   180

상대의 마음을 빼앗는 다섯 가지 칭찬 화법   186

더 나은 소통을 위해 때로는 침묵하라!   193

마음을 전달하는 소소한 표현법을 익혀라!   198

공감을 불러일으키는 복사 화법   202

Lesson 05

거침없는 소통의 기술

글로 소통하는 시대, 글에도 말투가 있다   212

남자와 여자는 소통의 DNA가 다르다   217

남과 여, 서로의 보이지 않는 사각지대를 이해하라!   227

소통을 잘하려면 세 가지 경청 기술을 익혀라!   234

협상의 법칙은 홈쇼핑 채널에서 배워라!   243

누구와의 소통도 막힘없이 OK! 스피치의 SES 공식   250

Epilogue

표현과 소통에는 에티튜드가 필요하다   260

Lesson 01

자신감을 높여주는 스피치 트레이닝

나를 나타내는 제 2의 얼굴, 바로 목소리이다. 나의 얼굴을 바꿀 수는 없지만, 목소리로 나의 이미지는 얼마든지 바꿀 수 있다.

나도 목소리 미남 미녀가
될 수 있다

　나를 나타내는 제 2의 얼굴, 바로 목소리이다. 나의 얼굴을 바꿀 수는 없지만, 목소리로 나의 이미지는 얼마든지 바꿀 수 있다.
　사람을 기억하게 하는 이미지는 헤어스타일, 신장, 몸매, 얼굴 생김새, 그리고 패션 등 신체 어느 곳에서나 만들어낼 수 있다.
　그러나 상대의 뇌리의 가장 오랫동안 강력하게 기억되는 것이 있다면 그것은 단연 목소다.
　지금 잠시 책을 내려놓고 지그시 눈을 감은 채 자신과 가장 가까운 사람의 모습을 떠올려 보라. 아마도 그 사람의 생김새보다 목소리가 먼저 떠오를 것이다.
　그 이유는 사람의 생김새와 패션 감각에 대한 기억들은 시간이 흐를수록 그 잔상이 흐릿해지지만 상대의 목소리가 주는 여운은 오래도록 기억되기 때문이다.

그렇기 때문에 시각적 잔상보다 청각적 여운으로 상대를 매료시키는 것이 더욱 효과적이며, 그 사람만이 가지고 있는 개성 있는 목소리는 매우 매력적인 요소가 된다.

이처럼 사람의 목소리는 그 사람의 인상과 이미지를 결정짓는 중요 포인트이다.

세계의 뛰어난 음식점들을 소개하는 미식가들의 성서 '미슐랭'에 등재되는 훌륭한 레스토랑의 쉐프들이 요리만큼이나 중요하게 생각하는 것이 바로 그 음식을 담아내는 그릇이라고 한다.

음식 본연의 맛도 중요하지만 맛있는 음식을 어떠한 그릇에 담느냐에 따라 음식의 맛이 다르게 느껴질 수 있기에 훌륭한 요리일수록 그 요리를

담는 그릇을 선택할 때에도 신중을 기한다.

목소리도 이와 다를 바 없다.

좋은 목소리는 그 사람이 전하는 메시지까지도 더욱 빛나고 가치 있게 만들어주는 좋은 그릇 역할을 하는 훌륭한 재료이다.

똑같은 이야기도 어떠한 목소리로 전달하느냐에 따라 그 사람에 대한 호감도와 신뢰도, 더 나아가 설득력까지 달라지게 한다.

그렇다면 좋은 그릇 역할을 해주는 좋은 목소리란 도대체 어떤 목소리를 뜻하는 것일까?

잘생긴 남자와 예쁜 여자를 미남 미녀라고 하듯이 "저 남자는 목소리 미남이네." 또는 "저 아가씨는 목소리가 아름다운 목소리 미녀야!"라는 말을 한번쯤은 들어본 적이 있을 것이다. 목소리 미남 미녀는 말 그대로 여심과 남심을 훔치는 '꿀 보이스'를 가진 사람들을 일컫는 말로, 목소리계의 훈남, 훈녀들을 표현할 때 주로 사용한다.

우리가 알고 있는 대중 스타들 가운데 목소리계의 미남들을 연령대로 꼽아본다면 20대로는 여진구, 30대로는 성시경, 40대로는 이병헌, 그리고 50대로는 한석규 정도가 아닐까 하는 것이 필자의 개인적인 견해이다. 이 견해를 뒷받침할 수 있는 근거로 필자는 다음과 같은 이유를 꼽는다.

첫째, 위에서 언급한 스타들의 목소리를 떠올려보면 매우 매력적이고 감미롭다. 목소리 자체만으로도 그 사람에게 빠져들고 싶은 생각이 절로 들게 할 정도로 그들은 꿀이 뚝뚝 떨어지는 목소리를 가지고 있다.

둘째, 그들은 듣는 사람이 자연스럽게 빠져 들어갈 정도로 그윽한 음색을 갖고 있다. 누가 들어도 편안하고 안정된 목소리 톤을 구사한다는 공통점을 지니고 있다는 점에서 자타가 공인하는 목소리계의 미남으로 인정할 수밖에 없다.

그렇다면 실제로 이성에게 호감을 주는 남성의 목소리는 어떤 목소리일까?

일반적으로 사람들은 남자들의 나지막하고 굵은 목소리가 여자들의 마음을 사로잡는다고 알고 있다. 하지만 정답은 '아니다'에 가깝다.

캐나다 온타리오 주 해밀턴에 위치한 연구 중심 공립대학교인 '맥 마스터 대학'의 연구진은 남자의 어떤 목소리가 여자에게 더 호감을 주는지 알아보기 위해 여성들을 대상으로 한 실험을 진행했다.

실험에 참가한 여성들에게 낮고 굵은 남자의 목소리와 높고 얇은 남자의 목소리를 각각 들려주고 '만일 이 두 보이스의 주인공에게 돈을 맡겨야 할 상황이라면 누구를 더 신뢰하고 선택할 것인가'에 대한 실험을 한 것이다. 과연 그 결과는 어땠을까?

놀랍게도 여자들이 더 많이 선택한 사람은 바로 목소리가 높고 얇은 남자였다. 왜 이 같은 결과가 나타난 것일까?

그 이유는 여성들이 근엄과 권위를 나타내는 남자의 낮고 굵은 목소리에 본능적으로 경계심을 느꼈기 때문이었다.

이와 반대로 높고 얇은 목소리에서는 상대적으로 밝고 부드러운 느낌을 받아 호감도가 상승했다고 답했다.

그렇다. 일반적으로 남자를 상징하는 낮고 굵은 목소리는 리더십과 남성성을 높여주는 요소이긴 하지만, 그만큼 지배적이고 권위적인 느낌을 줄 수 있기 때문에 CEO나 정치가 등 지위가 높은 사람들에겐 적합한 목소리일지 몰라도 일반적으로는 그다지 호감을 주지 못한다.

영국 일간지 데일리메일이 발표한 기사도 이와 같은 의견을 뒷받침한다. 기사에 따르면 '여성들은 배란기에만 굵은 목소리에 호감을 느낄 뿐 평상시에는 오히려 조금 높은 목소리의 남성을 편하게 느끼는 것으로 조사됐다.'고 한다.

결과적으로 상대가 편안함과 호감을 느끼는 목소리는 일부러 톤을 낮춰 억지로 저음을 만들어내는 소리가 아닌 상대가 듣기에 부담스럽지 않은 편안한 음색이라는 사실이다.

따라서 남성들이여! 내가 유혹하고 싶은 상대를 유혹하고 싶다면 이성을 사로잡기 위해 자신의 목소리를 억지로 나지막하게 깔지 않아도 된다는 사실에 기쁨의 환호를 질러라.

그렇다면 여자들의 경우에는 어떤 목소리가 상대에게 호감을 주는 목소리일까?

위와 마찬가지로 자타가 공인하는 목소리 미녀 스타들을 연령대로 꼽아본다면 20대는 아이유, 30대는 유인나, 40대는 김혜수, 50대는 김미숙이 아닐까 한다. 이 역시 필자의 개인적인 견해이기 때문에 동의하기 어려울 수도 있겠지만, 위에서 언급한 목소리 미녀들의 공통점이 '분위기 있는 톤과 달콤하고 부드러운 목소리'를 소유한 꿀 보이스들이란 사실을 인정한다면 이와 같은 주장을 펼치는 필자의 견해에 공감하게 될 것이다.

실제로 펜실베니아주 올브라이트대학 심리학 연구팀의 조사에 따르면 여성 또한 이성에게 어필하고자 할 때 자신의 톤보다 더 낮은 목소리 톤을 내고자 하는 심리가 있다고 한다.

흔히 우리가 생각할 때 여성들은 마음에 드는 이성 앞에서 자신의 여성스러움을 어필하기 위해 하이톤의 음성을 낼 거라고 생각하지만, 실제로는 분위기 있는 느낌의 허스키한 음성을 내면서 섹시함을 강조하려고 한다는 결과가 나왔다.

이 연구를 진행한 수잔 휴즈 박사의 말에 따르면 '여성의 목소리가 평소보다 자연스럽게 낮아지면, 이성에게 보다 매력적으로 보일 수 있으며, 이는 여성이 현재 자신은 루맨틱한 분위기에 있다는 것을 어필하는 신호'라고 한다.

이와 같이 여러 연구를 통해 남녀 모두를 살펴보았을 때 결과적으로 모두에게 호감을 주는 목소리는 '음색'에서 결정된다는 사실을 알 수 있다. 즉 목소리가 부드럽고 따뜻하면서도 편안하고 분위기 있는 음색을 가진 목소리를 남녀 모두 선호한다는 것이다. 자 그렇다면 이제 우리가 목소리 미남 미녀가 되기 위해 해야 할 일은 무엇일까?

바로 '부드럽고 따뜻하며 편안하고 분위기 있는 음색'을 만들기 위해 열심히 훈련을 해야 한다.

좋은 목소리는 훈련에 의해 만들어지기 때문이다.

보이스 트레이닝 수업을 받으러 오는 수강생들 중 간혹 몇몇의 학생들이 "아나운서 OOO 씨와 같은 호감형의 목소리를 갖고 싶으니 그렇게 만들어주세요."라는 말을 하곤 한다.

그 말은 성형외과에 가서 자신의 얼굴 생김새와 특징은 무시한 채 무조건 "연예인 OOO하고 똑같이 해주세요."라고 말하는 것과 별반 다르지 않다. 생각해 보라. 이병헌과 성시경의 목소리가 좋다고 해서 무조건 그들의 목소리에 내 목소리를 끼워 맞춘다면 어떻게 될 것인가? 물론 이조차도 쉬운 일은 아니지만 말이다.

　목소리 미남 미녀가 되는 길은 억지로 내 목소리를 버리고 누군가의 목소리로 성형을 하거나 성대모사로 빌리는 것이 아니다.
　그것은 맞지도 않는 남의 옷을 내 몸에 걸친 것과 같으며, 남에게도 어색하고 거북하게 들릴 수 있다.
　사람마다 자기 발에 꼭 맞는 신발 사이즈가 있는 것처럼, 목소리에도 나에게 어울리는 나만의 목소리가 있다는 사실을 염두에 두고 그 소리를 찾기 위해 오늘부터 매일같이 훈련하자. 그렇게 열심히 노력해서 자신의 목소리를 찾는 사람만이 진정한 목소리 미남 미녀로 거듭날 수 있다.

내가 원하는 좋은 목소리를
갖는 방법

보이스 코칭을 하는 사람으로서 참으로 안타까운 점은 대부분의 사람들이 목소리는 선천적으로 타고나는 것이지 후천적 노력에 의해서는 절대로 바꿀 수 없다고 생각한다는 점이다.

그러나 단언컨대 목소리는 누구나 노력하면 달라질 수 있다.

필자는 대학교 2학년 때 라디오 교통 방송 리포터를 맡게 되면서 처음으로 방송을 시작하게 되었다. 카랑카랑하고 낭랑한 하이톤의 목소리를 가지고 있었기에 주변 동기들의 부러움을 사며 방송 일을 시작할 수 있었지만, 이것이 훗날 아나운서 일을 하게 됐을 때 가장 큰 장해물이 될 줄은 전혀 예상하지 못했다.

나는 성악을 전공하신 어머니 덕분에 선천적으로 타고난 목소리가 나

쁘지는 않았지만, 문제는 비음이 살짝 섞인 하이톤의 가벼운 목소리가 주 목소리라는 특징이 있었다. 때문에 통통 튀며 분위기를 살려야 하는 리포터의 목소리로는 적합했지만, 상대적으로 신뢰감을 주어야 하는 아나운서 목소리와는 맞지 않아 당시 뉴스 오디션만 보면 번번이 쓰디쓴 고배를 맛보아야만 했었다.

그러다 보니 내가 할 수 있는 방송 일은 점점 한계에 봉착했고, 그 영향으로 막상 기회가 생겨도 아나운서 분야는 자신이 없어 선뜻 지원을 꺼리게 되었다. 뿐만 아니라 이것이 계기가 되어 내 목소리에 대한 두려움까지 생기게 되었으니 그야말로 자신감이 땅에 떨어진 상태로 방송을 향한 열의마저 저하시키고 말았다.

그렇게 목소리에 대한 자신감이 점점 사라져 가고 있던 어느 날, 당시 9시 뉴스 앵커였던 김주하 아나운서의 목소리를 듣고 나는 순간적으로 최면에 걸린 듯 온몸이 얼어붙는 경험을 하게 되었다.

신뢰감이 넘치는 중저음 보이스의 카리스마 있는 목소리가 나를 단번에 사로잡았던 것이다. 당시에 나는 김주하 앵커를 통해 여성도 그윽하고 깊은 울림이 있는 목소리를 낼 수 있다는 사실에 강한 자극을 받게 되었고, 이날을 계기로 나 또한 그녀처럼 울림이 있는 신뢰감 있는 보이스를 만들겠다고 다짐하며 이를 악물고 도전했다.

당시에 나는 그야말로 머리를 쓰지 않는 무작정 따라하기 훈련을 거듭했다. 김주하 앵커의 목소리를 '듣고 따라하고', '녹음하고 따라하고'를 반복하며 참 무식하리만치 순수하게 트레이닝을 계속했다. 그렇게 반복적으로 몇 달째 연습을 하던 어느 날, 그날도 어김없이 평소와 똑같이 '따라 하기 반복 훈련'을 하고 있었는데, '어라? 이 목소리가 내 목소리야?'라고 의심될 정도로 꽤 괜찮은 목소리가 내게서 나오는 것이었다.

그렇게 스스로도 놀랄 정도로 달라진 내 목소리를 들으며 처음으로 든 생각은 '그래! 어쩌면 나도 낮고 편안하면서도 신뢰감 있는 김주하 앵커와 같은 목소리를 낼 수 있을지도 몰라.' 하는 일말의 희망과도 같은 기대감이었다. 더불어 나를 전율케 만든 또 하나의 발견은 여태껏 내가 이러한 목소리를 만드는 방법을 몰랐기 때문에 내가 원하는 좋은 목소리를 구사하지 못했다는 나 스스로의 깨달음이었다.

이러한 깨달음은 내 안에 숨겨져 있는 내 목소리를 찾기 위한 도전을 하기 이전에는 상상조차 할 수 없었던 일이었다. 그러나 한 가지 분명한 사실은 만일 내가 그 당시에 '아~김주하 앵커 목소리 좋다. 너무 좋다. 부럽다.'에서 끝났더라면 내 목소리에 변화가 없었을 거라는 사실은 분명하다. 만일 그랬더라면 모르긴 몰라도 아마 리포터 생활만 몇 년 더 하다가 방송 일을 접었을 지도 모른다. 이 길은 내 길이 아니라고 자신을 합리화하는 위로를 하면서 말이다.

당시에 내가 잘한 일 한 가지가 있다면 나에게 없는 목소리를 한탄하며 포기하고 만 것이 아니라, 내가 필요로 하는 내 목소리를 찾기 위해 노력했다는 점과 그 목소리의 롤모델을 정해 그 사람이 가지고 있는 목소리를 열심히 탐구해서 특징을 찾고, 호흡법부터 발성법까지 그대로 따라해 보려는 눈물겨운 노력을 했다는 점이다.

그 고생 끝에 나는 가볍고 위로 떠있던 목소리를 안정된 영역으로 내릴 수 있었으며, 울림이 있는 목소리로 점점 변해가는 과정을 체험할 수 있었다.

따라서 이제 나는 누구에게라도 자신 있게 말할 수 있다. 훈련을 통해 꾸준히 연습만 한다면 그 어떤 목소리든 충분히 변할 수 있다고. 그러나 그 훈련은 올바른 훈련 과정을 통해 이루어져야 하며, 그냥 따라하기 연습이 아닌, 본인의 강한 의지가 반영된 체계적이고 필사적인 노력에 의한 것이어야 한다는 사실이다.

그리고 여기에 하나 더! 원하는 목소리를 갖기 위해서는 반드시 희생의 대가 또한 따른다는 점을 기억해야 한다.

날씬해지려면 야식이나 간식을 끊어야 하는 것처럼, 자신이 원하는 목소리를 갖기 위해서는 그동안 가지고 있던 좋지 않은 습관은 반드시 고쳐야 한다.

그렇다면 내가 원하는 좋은 목소리를 갖기 위해 지켜야 할 생활 수칙에는 어떤 것들이 있는지 한번 살펴보자.

좋은 목소리를 만들기 위한 일상생활 수칙

1. 건조함은 좋은 목소리를 만드는 데 있어서 피해야 할 첫 번째 수칙이다.

세계적인 테너 '루치아노 파바로티'가 동남아에서 공연할 때의 일화가 이를 잘 말해준다. 파바로티는 에어컨의 차고 건조한 공기가 자신의 목에 나쁜 영향을 주기 때문에 공연 내내 에어컨을 틀지 못하게 하는 것으로 유명했다. 동남아 지역은 기후의 특성상 덥고 습해 에어컨을 가동하지 않으면 잠시도 견딜 수 없는 아열대 기후이다. 그러니 공연을 관람하는 관객들이 그 습하고 더운 날씨에 정장차림으로 왔다가 얼마나 고생을 했을지 상상이 가지 않는가?

파바로티는 진정으로 관객을 위하는 길은 더위를 잊게 만드는 시원한

에어컨 바람이 아니라 더위마저 잊게 만드는 최상의 목소리라고 생각했고, 관객들에 대한 배려 차원에서 최적의 목 상태를 유지하기 위해 건조하지 않은 환경을 선택한 것이다.

그렇다. 담배연기나 매연, 냉난방기가 가동되는 건조한 장소는 목소리에 이상을 가져올 수 있다.

좋은 목소리를 내기 위해서는 성대가 부드럽게 움직여야 하는데, 이 성대는 건조한 기운이 많으면 정상적인 기능을 하기 어렵다고 한다. 그러한 이유로 우리는 촉촉하고 따뜻한 공기가 감돌 때 목이 편안함을 느끼게 된다. 수증기가 많이 있는 '목욕탕'에서 노래를 하거나 이야기를 하면 평소보다 목소리가 좋게 나온다는 것을 경험해본 사람은 쉽게 이해할 수 있을 것이다.

따라서 목 건강을 위해서는 건조한 것을 피하고 평소에 충분한 수분섭취를 해주는 것이 가장 중요하다. 흔히들 날계란이 목소리를 좋아지게 한다고 알고 있지만, 이것은 근거 없는 이야기에 불과하다. 이를 돕는 것으로 물만큼 좋은 것이 없다. 특히 차갑지도 뜨겁지도 않은 미온수는 성대를 촉촉이 적셔주는 역할을 하기 때문에 미온수를 자주 마셔서 성대를 보호하는 것이 좋다. 따라서 좋은 목소리를 내고 싶다면 하루에 1리터 정도의 물을 마셔서 성대를 늘 촉촉한 상태로 유지해 주어라.

2. 비명, 고함, 환호 등을 지나치게 지르는 것은 목소리의 생명을 단축시키는 지름길이다.

갑작스레 큰 소리를 질러서 성대를 상하게 하는 것은 좋은 목소리를 만드는 데 조금도 도움이 되지 않는다.

노래방이나 야구장에서 고래고래 소리를 질러가며 스트레스를 해소하는 이들은 자신의 스트레스 지수와 목소리의 생명을 바꿔치기 하는 것과 같은 무서운 결과를 초래할 수 있다.

따라서 노래를 부를 때는 자신이 낼 수 있는 목소리의 범위보다 무리해서 부르지 않도록 해야 하며, 크게 소리를 질러야 할 상황은 가급적 만들지 않는 것이 나의 목소리를 건강하게 오래도록 지킬 수 있는 비결이다.

특히 주변이 시끄러운 곳이나, 말이 전달되기에 너무 먼 거리에 있다면 큰소리로 말하지 말고 상대방에게 다가가서 이야기하거나, 주변의 소음을 낮추는 방법 등을 활용해서 자신의 목을 아껴야 한다. 또한 필자처럼 강의를 하거나 여러 명이 모인 자리에서 마이크 없이 큰 목소리로 이야기를 해야 할 상황이라면 상대방이 시선을 주거나, 상대방의 주의를 끌 수 있는 방법을 이용(도구로 칠판을 두드리거나 손뼉을 치거나 해서 상대의 시선을 모은 후)해서 목에 무리를 주지 않고 이야기를 해야 한다.

또한 큰소리로 말하지 않아도 될 정도로 수업을 듣는 학생들의 좌석 배치에 신경을 쓰고, 혹 자주 주의를 주어야 하는 학생이 있다면 강단 가까이에 좌석을 배치하는 것이 목을 아끼는 데 도움이 된다.

기억하라! 한번 상처가 난 성대는 온전히 쉬어주지 않으면 다시 제자리를 찾기 힘들며, 같은 질환이 재발될 가능성이 매우 높다는 것을.

따라서 목에 무리가 갈 정도로 큰 목소리를 내는 것은 자제해야 하며, 특히 찢어지도록 생목소리를 내는 것은 피해야 한다.

3. 감기 등으로 인해 전체적으로 몸의 상태가 좋지 않을 때는 가능하면 말을 많이 하지 않는다.

특히 목이 쉰 증상이 나타날 때는 큰 소리를 내지 말고 될 수 있는 한 말을 자제해서 성대를 쉬게 해야 한다.

4. 마른기침이나 헛기침은 가능한 한 참아야 한다.

목에 무리를 주는 헛기침이나 잦은 마른기침은 참을 수 있을 만큼 참아라.

흔히 목이 칼칼하거나 잠길 때 헛기침을 하면 일시적으로 목이 개운해지는 느낌이 들어서 헛기침을 자주 하는데, 이렇게 헛기침을 하게 되면 점액이 헛기침을 통해 빠져나가기 때문에 목에 곧 다른 점액이 만들어지고 또 헛기침을 하게 되는 악순환이 반복된다. 그러므로 헛기침은 최대한 참아야 하며, 습관처럼 자주 하지 않는 것이 좋다.

5. 건강한 위를 만들어야 한다.

성대와 위가 무슨 상관이 있느냐고 의아하게 여길 수도 있겠지만, 위장에 탈이 나도 성대질환이 생길 수 있다.

역류성 식도염으로 인한 위산의 역류는 성대결절과 같은 성대질환을 일으킬 수 있으며, 강한 산성을 띤 위산이 역류해서 후두와 성대를 자극하면 그와 같은 일이 발생할 수 있다. 그러므로 위산 역류의 주범인 음주와 흡연을 삼가고, 기름진 음식, 고지방 음식, 껌, 우유와 같은 유제품 등의 음식 섭취를 줄이고, 곡류나 단백질이 풍부한 음식을 섭취해서 과로나 스트레스로 인한 위산 역류를 최대한 줄여야 한다.

6. 카페인이나 청량음료와 멀어져야 한다.

커피와 녹차, 홍차 안에 들어있는 카페인과 청량음료는 몸에서 수분을 빼앗아가는 건조한 성대를 만드는 주범이다.

특히 말이나 노래를 많이 하는 직종에 있거나 성대를 자주 사용하는 사람들은 평소에는 물론 말하기 직전 위에서 말한 음료들을 피해야 이야기할 때 좋은 목 컨디션을 유지할 수 있다.

7. 항상 곧은 자세를 갖도록 노력하고, 말할 때 치아나, 턱, 입 주변에 필요 없는 힘이 들어가지 않도록 하는 것이 중요하다.

특히 힘이 든 운동을 한 후 숨이 가득 찬 상태에서 말을 하지 말고 숨이 안정된 후 말을 시작하는 것이 좋다. 아울러 충분한 호흡을 갖고, 천천히 말을 하는 훈련을 하자.

8. 숙면을 취하는 것도 좋은 목소리를 내게 하는 비결이다.

잠을 잘 때는 베개를 15~20cm 정도로 높게 베도록 한다.

또 잠자기 2시간 전에는 음식을 먹지 않도록 하고 과식을 피해야 하는데, 이는 자는 동안 수면을 방해받지 않기 위해서다.

그리고 자는 동안에는 혈액 순환을 방해하는 몸에 꼭 끼는 옷은 피하는 게 좋으며, 가능한 몸을 릴렉스하게 만드는 가벼운 옷차림으로 잠을 청하는 것이 가장 좋다.

목소리는 나를 나타내는 표현 수단이자 자산이므로, 자신의 목소리를 보석처럼 소중하게 다루어야 한다. 목소리는 신경을 써서 관리할수록 가치가 뛰어난 명품 자산이 되며, 당신은 그 명품 자산을 통해 사랑과 존경, 부와 명예를 얻을 수 있다. 하지만, 자신의 목소리를 귀하게 여기지 않고 함부로 말하고 함부로 취급한다면 그 목소리로 인해 당신은 Bad News

를 전달받게 될 것이다. 그 Bad News는 면접시험에서 탈락했다거나, 중요한 계약이 면담 후에 깨어졌다거나 상대방이 당신의 말을 무시하는 결과를 낳을 수도 있다. 결국 좋은 목소리를 가진 사람이 취업과 승진, 사랑과 존중을 받는 사람이 된다는 것을 명심하고, 좋은 목소리를 갖기 위해 꾸준히 노력하기 바란다.

내 안에 잠들어 있는
멋진 목소리를 꺼내라!

미국에서 스타들의 목소리 코칭 선생님으로 유명한 목소리 분야의 선구자 '모두 쿠퍼박사'는 "사람들은 각기 자신만의 좋은 목소리를 가지고 있지만, 단지 사용할 줄 모를 뿐이다."라는 이야기를 했다.

그렇다. 우리 모두는 저마다 태어날 때부터 갖고 있는 본인 고유의 선천적인 목소리가 있다. 그러기에 우리는 부모에게 물려받은 자신만의 목소리를 찾아내어 자연스럽고 편안하게 낼 수 있는 나에게 최적화된 나만의 목소리로 만들어야 한다.

그러나 자기 목소리를 찾아내기만 하면 되는 너무 쉽고 간단한 이 진리가 실은 가장 어려운 과정 중 하나이다. 왜냐하면 우리는 어느 순간부터 남의 목소리를 마치 내 목소리인양 빌려서 사용하고 있기 때문이다.

　이 말을 조금 더 쉽게 풀어보면 지금 우리가 자신의 목소리로 알고 있는 목소리는 내가 원하는 방향으로 소리를 만들어낼 줄 알던 유년기 시절부터 만들어진(현재의 목소리를 만들어낸 시점이 어린 시절이 아닌 성인이 된 이후인 사람들도 종종 있다) 나의 목소리일 가능성이 높다.

　즉 우리가 현재 내고 있는 목소리는 지금까지 자라오면서 자신의 마음에 드는 목소리 하나를 선택해서 그 목소리를 내 목소리로 알고 사용해온 것으로, 그 목소리는 타고난 나의 목소리가 아닌 만들어진 목소리일 수 있다는 것이다.
　우리가 선택한 그 목소리는 우리에게 익숙한 엄마의 목소리, 존경하는 선생님의 목소리, 또 항상 내 편이 되어주었던 이모의 목소리일 수도 있다. 한 가지 재미난 것은 목소리를 차용한 그 대상은 나에게 좋은 인상을 준 사람이었을 확률이 높다는 점이다.

하지만 이렇게 어린 시절부터 나름대로의 목소리 따라하기 훈련을 통해 내가 원하는 목소리를 내고 있다고 해서 그 목소리가 남이 듣기에도 좋은 목소리라고 단언할 수는 없다.

왜냐하면 자신의 본 목소리가 아닌 만들어낸 목소리는 자신은 물론 남이 듣기에도 불편하기 때문이다.

그렇다면 과연 어떻게 내가 내기에도 편하고 남이 듣기에도 편안한 목소리를 구사할 수 있는 것일까?

그리고 그 목소리가 내 안에 잠들어 있는 가장 최적의 목소리인지를 무슨 근거로 알아낼 수 있을까?

이에 필자는 보이스와 관련해서 나에게 가장 큰 도움이 됐던 모든 쿠퍼 박사의 연구에 의한 방법을 소개하려 한다.

앞서 잠깐 언급한 미국의 목소리 연구가인 모든 쿠퍼 박사는 손가락으로 갈비뼈 아래 C스팟을 누를 때 본인의 타고난 목소리가 나온다는 것을 연구 결과를 통해 입증했다. 그럼 지금부터 다 같이 자신의 목소리를 찾기 위한 시도를 해보자.

① 몸을 편안하게 릴렉스 시킨 상태에서 자신의 검지와 중지 손가락을 갈비뼈 바로 아래 횡경막이 위치한 부분에 살며시 갖다 대본다.

② 그리고 그 상태에서 코로 숨을 한번 들이마셔 보자.

이때 주의할 점은 코로 숨을 들이마심과 동시에 당신의 복부가 앞으로 빵빵하게 나오는 것을 느끼면서 호흡해야 한다는 점이다.
코로 숨을 들이마실 때, 횡경막 부분에 갖다 댄 내 검지와 중지 손가락이 배 앞으로 살며시 나왔다 숨을 뱉을 때 다시 본래 자리로 들어가는 것을 반복해서 느끼게 된다면, 제대로 하고 있는 것이다.

③ 그 다음에는 횡경막 바로 아래 부분을 지그시 누르면서 입을 가볍게 다물고 허밍(콧소리)을 하듯 음~~ 소리를 내며 숨을 뱉어보는 다음 단계에 돌입해 보자.

허밍으로 소리를 낼 때 주의할 점이 또 있다. 바로 평상시 당신이 내는 목소리 톤과 조금 전 허밍을 한 음성의 톤이 비슷한지를 느껴보며 소리를 내보는 것이다. 몸이 긴장된 상태에서는 제대로 된 목소리가 나올 수 없기 때문에, 긴장된 몸을 풀고 편안한 자세에서 똑같은 방법으로 '음~' 또는 '흠~' 소리를 허밍으로 내본다.

이때 의식적으로 소리를 만들어내는 것이 아니라, 무릎을 치면 다리가 올라가는 것처럼 의도하지 않고 자연스럽게 소리를 내뱉는다는 생각을 가지고 소리를 내야 한다.

자신의 허밍 소리가 평상시의 톤과 비슷하다고 여겨지는가? 이렇게 그 누구도 의식하지 않고 자연스럽게 나오는 지금의 소리가 부모로부터 물려받은 선천적인 당신의 목소리다. 만일 더 정확하게 본래 자신의 목소리를 알고 싶다면, 이 훈련을 하는 동안 계속해서 녹음을 해보는 것이 좋으며, 반복 시도한 후에 녹음된 당신의 음성을 들어보라. 단 녹음된 당신의 음성이 평소 당신이 내던 목소리와 어떤 차이가 있는지를 염두에 두고 들어야 한다.

그렇게 녹음된 음성을 듣고 난 다음에는 당신의 평상시 목소리 톤으로 간단하게 자기소개를 해보자.
"안녕하세요, 일산에 사는 김하윤입니다."
그리고는 다시 자기소개 전에 녹음된 허밍 음성을 들어보라.
정리를 해보자면 C스팟을 누를 때 나오는 '음~~'으로 허밍된 음성 녹음하기 > 녹음된 음성 듣기 > 자기소개 > 다시 녹음된 음성 듣기 방식으로 반복해서 듣다 보면 그것이 본래 자신의 목소리인지, 아니면 그간 길들여진 본인의 다른 목소리인지를 구분할 수 있을 것이다.

이 훈련이 익숙해지면 '음~'이나 '흠~' 대신에 '아~' 소리로 바꾸어 내보기도 하고, 조금 더 익숙해지면 두 음절 정도를 붙여 한 톤(Tone)으로 소리를 내어보자. "에이~ 비이~", "씨~ 디~", "이~ 에프"처럼 말이다. 이때 주의할 점은 이들 음절을 말할 때 앞서 말했던 C스팟이라 불리는 공명존을 누르며 소리를 내야 한다는 것과 소리를 낼 때 목소리의 음높이가 같아야 한다는 것이다. 이것에 신경을 쓰며 훈련을 계속하라.

　이러한 방법으로 내 안에 잠들어 있던 나만의 목소리를 발견해서 꺼냈다면 이제는 여러분 자신이 낼 수 있는 본인만의 가장 편안한 음색을 찾아 소리를 낼 수 있게 된 것이다. 그 영향으로 당신은 하루 종일 말한다 해도 피곤함이 없는 쌩쌩한 목소리를 구사할 수 있게 될 것이다.
　이것이야말로 '내가 구사하기에도 편하고 남이 듣기에도 편안한' 자신만의 가장 최적화된 목소리라는 사실을 기억하자.

목소리로 나의 몸값을 올려라!

보이스 교육을 담당하는 교육원의 대표로서 목소리를 주제로 이야기하라고 하면 사흘을 쉬지 않고 얘기할 수 있을 만큼 실로 목소리에 대한 얘깃거리는 무궁무진하다.

그러나 이 책은 목소리만이 아닌 표현과 소통을 중심으로 한 스피치 전반에 걸친 이야기를 담고 있기 때문에 한 챕터만을 길게 다룰 수 없다는 점을 양해해 주기 바란다.

목소리에 대한 주요 핵심들 가운데 독자들에게 조금 더 실질적으로 도움이 되는 팁을 알려주면 좋지 않을까 하는 생각 속에서 '나의 몸값을 올리는 목소리'라는 제목을 달았다.

'목소리로 몸값을 올린다'는 상업적인 표현이 다소 자극적이기는 하지만, 돈이 세상을 지배하는 현대사회에서 돈을 무시하고 살 수는 없으니 이왕이면 현실적으로 도움이 되는 이야기를 풀어놓고자 이와 같은 제목을 붙였다.

몸값을 올리는 목소리란 말 그대로 돈이 붙고 따르는 목소리를 말한다.

그런데 돈이 따르는 목소리가 따로 있을까? 만일 그런 목소리가 있고 그걸 가져서 돈이 생긴다면 어떻게든 그 목소리를 찾아내야 한다.

자! 지금부터 필자가 공개하는 돈이 붙는 목소리의 비밀을 통해 내 몸값을 올리고 싶다면 이것 하나만 약속하자.

무슨 일이든 대가 없이 거저 되는 것은 없다. 당신의 목소리에 돈이 붙길 기대한다면, 하루 중에 최소한 10분 정도의 시간을 투자할 것을 미리 약속해라.

그 투자가 아침이건 저녁이건, 화장실에서건 출근 길 차 안에서건 그것은 당신의 선택에 달려 있다. 하지만 중요한 것은 눈이 오나 비가 오나 매일같이 일상의 한 부분처럼 빼먹지 않고 해야 한다는 것이다.

아침에 일어나면 제일 먼저 이를 닦고 세수를 하는 당연한 습관처럼 말이다. 이렇게 하루 10분을 투자해서 내 목소리가 변화되면 비단 달라지는 것은 목소리뿐만이 아니다.

이성과의 만남에서 상대가 당신의 목소리에 호감을 갖게 되어 당신의 이야기를 집중해서 듣게 될 것이고, 상대의 호감을 이끌어내는 당신의 목소리가 구직자인 당신에게 좋은 직업을 가져다줄 수도 있으며, 당신을 그

누구보다 매력적인 사람으로 만들어 주기 때문에 회사에서도 인정받는 놀라운 변화를 경험할 수도 있을 것이다. 이와 같은 사례는 실제 우리 교육원에서도 수없이 쏟아져 나오고 있다.

그 중의 한 예를 살펴보자.

학업 성적도 좋고 스펙도 빠지지 않으며, 심지어는 미모까지 평균 이상인 A양이 모 대학병원의 의사 면접을 앞두고 우리 교육원을 찾아왔다. A양은 대학병원 의사 채용에서 몇 년 째 낙방을 해서, 페이 닥터로 이 병원 저 병원을 돌며 불안한 생활을 하고 있는 처지였는데, 더 안타까운 것은 도대체 왜 계속 면접에서 자신이 떨어지는지 그 이유를 본인은 제대로 파악하지 못하고 있다는 점이었다.

A양의 면접 코칭을 위해 그녀와 첫 대면이 이루어진 첫날 미안하게도

필자는 단번에 그녀의 낙방 이유를 알 수 있었다.

그것은 바로 그녀의 외모만 보았을 때는 도저히 짐작할 수 없는, 이미지를 깨는 음성이었다.

차분하고 꼼꼼해 보이는 외모를 갖고 있는 A양의 목소리는 심한 아성(어린아이 목소리)이었고, 그 정도가 너무 심해서 그녀의 모든 말이 유치하게 들리기까지 할 정도였으니 면접에서 좋은 점수를 받지 못한 것은 당연한 결과였다.

그렇게 자신의 심한 아성이 환자들에게 신뢰감을 주어야 할 의사라는 직종에 얼마나 안 어울리는지조차 깨닫지 못하던 A양은 물에 빠져 지푸라기라도 잡고 싶은 심정으로 스피치 코칭을 받으러 왔다고 했다.

결과는 어떻게 됐을까? 그렇다. 짐작했다시피 실패 사례라면 그녀에 대한 이야기를 시작하지 않았을 것이다.

그렇게 해서 시작된 A양의 보이스 코칭은 한 달간 8회에 걸쳐 진행이 되었다. 위로 방방 떠 있는 어린아이 같은 목소리를 없애기 위해 떠 있는 혀를 밑으로 내리는 톤 내리기 작업을 계속해서 훈련했고, 그 결과 면접일을 3일 남겨두고 안정된 목소리 톤을 만드는 데 드디어 성공할 수 있었다. 그리고 그러한 목소리로 모의 질문에 대한 답변을 열심히 수업한 끝에 A양은 면접 당일 자신 있고 안정된 목소리로 결국 모 대학병원 의사 채용시험에 최종 합격했다.

이 사례만 보더라도 바야흐로 목소리는 이제 관심사를 뛰어넘어 자신을 나타내는 큰 상징적 요소라는 것이 증명되었고, 나아가 인생 전체를 바꾸는 큰 기회의 도구로 사용되고 있다고 말할 수 있다.

거창하게 목소리가 무슨 인생까지 바꾸겠냐고 하겠지만, 솔로가 커플이 되고, 무직자가 직업을 구하고, 없는 사람으로 취급되던 한 사람이 강력한 영향력을 행사하는 주요 인물이 되는 실제 상황들이 그것을 증명하고 있다면 목소리는 충분히 한 사람의 인생을 바꾸어 놓는 결정적 역할을 하는 요소임이 분명하지 않은가.

이러한 예는 실화를 바탕으로 한 영화 '킹스 스피치'의 주인공이나 '영국 왕 조지 6세'의 이야기를 통해서도 알 수 있다.

영화 킹스 스피치의 실제 주인공인 조지 6세는 어린 시절부터 심각할 정도로 말을 더듬었기 때문에, 자라면서 점점 콤플렉스로 가득 찬 소심한 성향을 지니게 되었다. 그런 그가 가장 두려워했던 것은 마이크 앞에 서서 대중들에게 말을 하는 것이었는데, 무엇 하나 부러울 것 없는 강대국의 왕에게 대중을 향해 자신의 의사를 전달하는 마이크는 엄청난 공포의 대상이었다. 그는 그로 인해 암담한 나날을 보냈으며, 스스로를 자책하며 힘들게 왕위를 지키고 있었다.

그러던 그는 언어치료사를 만나 본격적으로 언어 치료를 시작했다. 결국 본인의 눈물 섞인 노력과 불굴의 의지로 자신의 약점을 극복하고 전 국민 앞에서 감동을 안겨주는 명연설을 하게 된다.

조지 6세는 실제로 영국 국민이 가장 사랑했던 왕으로 기억될 만큼 목소리에 변화를 주어 인생을 변화시킨 대표적인 인물이다.

이처럼 우리의 목소리는 상상할 수 없을 정도로 우리 인생에 큰 영향력을 미친다. 따라서 당신이 생각하는 것 이상의 결실을 맺고 싶다면 지금 이 순간부터 하루도 빠짐없이 목소리 훈련을 하라.

돈이 붙는 목소리는 조지 6세가 그러했듯 피나는 노력을 한 사람에게만 주어지는 특별한 선물이다.

타인에게 들리는 나의 진짜 목소리를 확인하는 방법

여러분은 다른 사람에게 자신의 목소리가 어떻게 들리는지 궁금증을 가져 본 적이 있는가? 간혹 수화기 너머로 들리는 본인의 목소리를 듣게 되거나 음성 녹음된 메시지를 통해 자신의 음성을 듣게 될 때면 '이게 진짜 내 목소리야?'라며 자신의 귀를 의심해 본 적이 있을 것이다. 아마도 자신이 생각했던 본인의 목소리와는 너무도 다르게 들렸기 때문이리라. 실제로 자신의 목소리를 녹음해서 들어 본 사람이라면 본인이 알고 있었던 자신의 목소리와 녹음된 목소리에는 굉장히 많은 차이가 있다는 사실을 알고 있을 것이다.

어떤 사람은 평소 자신의 실제 목소리보다 전화 목소리가 한층 낮은 경우도 있고, 또 어떤 이는 녹음된 목소리가 자신의 목소리 톤보다 더 높게 들리는 경우도 있다.

그렇다면 이렇게 자신의 실제 목소리와 녹음된 목소리가 다르게 들리는 까닭은 무엇일까?

이것의 비밀은 '울림'에 있다.

실제로 자신이 직접 말을 할 때 들리는 본인의 목소리는 성대의 울림을 통해 나온 소리가 자신의 몸을 통해 다시 고막으로 전달되는 것으로, 실제 본인의 목소리보다 더 큰 울림값을 가진다.

반면 녹음된 목소리는 신체기관의 울림을 뺀 순수 공기를 통해 전달되는 소리라는 점에서 자신이 직접 소리를 내어 들을 때와는 다르게 들리게 된다. 그러나 애석한 것은 이렇게 공기를 통해 전달되는 자신의 목소리가 남들에게 들리는 자신의 진짜 목소리라는 사실이다.

그렇기 때문에 내 목소리가 남에게 어떻게 들리는지 궁금하다면 자신의 목소리를 녹음해서 들어보면 확실히 알 수 있다.

그럼 여기서 소리에 대해 좀 더 자세히 알아보도록 하자.

목소리는 폐에서 올라온 공기가 후두의 성대를 거쳐 주파수를 만들며 생겨난다.

이 소리는 입으로 올라와 말로 표현이 되는데, 이때 코 뒤쪽의 비강에서 소리가 증폭되며 상대방이 들을 수 있도록 소리는 더 커지게 된다. 이렇게 비강에서 소리가 증폭될 때 그 소리는 두개골에서 한 번 더 울림이 남는다. 이때 우리가 듣는 자신의 목소리는 내부에서 울림이 생긴 소리이기 때문에 외부에서 다시 귀로 들어오는 목소리 톤보다 내부에서 증폭된 소리이다.

이처럼 내부에서 커진 소리를 우리는 자신의 목소리라고 인식하게 되는 것이다.

소리는 반사와 반사가 많이 일어날수록 중저음이 풍부해지는 특징을 갖고 있다. 그러므로 작은 통에서 울리는 소리는 높게 들리고, 큰 통에서 울리는 소리는 낮고 풍부하게 들리게 된다.

때문에 머릿속에서 한 번 더 울림이 일어난 목소리는 중저음이 풍부해지고 더 낮게 들린다. 하지만 상대방에게는 비강에서 울린 목소리만 전달되기 때문에, 자신의 목소리 톤이라고 생각하는 톤보다는 중저음이 덜 포

함된 목소리를 상대가 기억하게 되는 것이고, 이 같은 이유로 전화나 녹음에서의 목소리가 자신의 목소리 톤과 다르게 느껴지는 것이다.

실제로 전화기와 녹음기의 마이크에서는 입과 비강을 통한 소리까지만 입력된다. 따라서 울림이 많은 목소리를 가진 사람의 경우에는 녹음된 목소리가 오히려 실제 자신의 목소리보다 낮게 느껴지는 경우도 있다.

만일 목소리가 하이톤이거나 쟁쟁거리는 소리로 들리는 것이 콤플렉스여서 다른 사람에게 나의 목소리가 중저음으로 들리기를 원한다면 실제 말투보다 조금 더 낮은 톤으로 이야기를 하면 가볍게 떠 있는 듯한 목소리가 한층 더 안정적이고 신뢰감 있는 톤으로 바뀌어 들리게 될 것이다.

"나 지금 떨고 있니?", 나약함을 들키지 않는 복식 호흡의 원리

운동선수에게 기초체력이 필수이듯 좋은 목소리를 내기 위해서는 복식 호흡이 반드시 필요하다. 그 이유로는 복식 호흡을 통해 만들어지는 공명, 즉 울림이 목소리를 깊이 있게 만들어주기 때문이다.

복식 호흡으로 이야기를 하면 무엇보다 호흡이 길어지고 안정된다. 따라서 복식 호흡법을 쓰면 스피치 울렁증이나 무대 공포증이 있는 사람들에게 흔히 나타나는 양상인 '양'의 울음소리처럼 떨리는 목소리를 내지 않고 이야기를 할 수 있다. 그 누구에게도 자신이 긴장해서 사시나무 떨듯 떠는 모습을 감쪽같이 감추고 이야기를 할 수 있게 되는 것이다.

그러나 대부분의 사람들은 이러한 마법의 복식 호흡법에 대해 들어는 봤지만 너무나도 어렵다고 생각해서 실생활에 거의 적용하지 못하고 있다.

사실 복식 호흡은 이론으로 습득하기에는 쉽지 않은 호흡법임이 틀림없다.

복식 호흡은 말 그대로 배를 이용해서 숨을 쉬는 호흡법이긴 하지만, 혼자서 이 방법을 습득하기엔 내가 지금 하고 있는 호흡이 복식 호흡인지 아닌지를 분간하기가 쉽지가 않다. 대부분의 사람들이 가슴으로 숨을 쉬는 흉식 호흡을 하며 생활하기 때문이다.

여기서는 우선 쉽게 따라할 수 있는 복식 호흡 훈련법에 대해 알아보기로 하자.

먼저 자신이 흉식 호흡을 하는지, 복식 호흡을 하는지는 본인의 가슴과 배를 살펴보면 된다.

흉식 호흡을 하면 코로 숨을 들이마실 때 가슴은 위로 올라가고 배는 홀쭉하게 들어가며, 입으로 숨을 내쉴 때는 배가 앞으로 볼록해지고 올라갔던 가슴은 아래로 다시 내려오게 된다.

반면 복식 호흡은 배에 공기를 채웠다가 비워내는 호흡이기 때문에 가슴이 움직이지 않는다. 복식 호흡을 하면 코로 숨을 들이마실 때 배가 볼록하게 나오며, 반대로 입으로 숨을 내쉴 때 서서히 배가 홀쭉하게 들어간다. 본인이 복식 호흡을 제대로 하고 있는지는 자신의 배를 통해 느낄 수 있다.

복식 호흡을 쉽게 하기 위해서는 풍선을 떠올리면 된다.

　코로 숨을 들이마실 때는 공기가 주입되고 있는 풍선처럼 배를 서서히 부풀리면 되고, 반대로 입으로 숨을 내쉴 때는 풍선을 분다는 느낌으로 한껏 부풀어있던 배를 서서히 홀쭉하게 만들면 된다.

　이러한 복식 호흡은 배에 두꺼운 책을 올려놓은 채로 누워서 시도하면 더 쉽게 터득할 수 있다.
　먼저 편안하게 누운 상태에서 두꺼운 책을 올려놓고 코로 숨을 들이마시고, 숨을 내쉴 때는 내 배 위에 있는 두꺼운 책의 움직임을 살펴보자. 코로 숨을 들이마실 때 복부가 살짝 부풀어 오르는 느낌이 들면서 배 위에 올려놓은 책이 위로 올라가는 것이 보인다면 복식 호흡이 제대로 되고 있다는 증거다. 다음으로 코로 한껏 들이마신 숨을 입으로 살포시 내뱉을 때 위로 올라가 있던 책이 다시 본래 상태로 밑으로 내려간다면 이 역시도 복식 호흡이 제대로 되고 있다는 증거이다.

복식 호흡을 할 때 주의할 점은 한꺼번에 '후!' 하고 숨을 내뱉는 것이 아니라, 들이마신 숨을 여러 번 나눠서 뱉는다는 느낌으로 천천히 해야 한다는 것이다. 이렇게 배가 오르내리는 팽창과 수축의 과정을 느끼며 서서히 숨을 내쉬는 과정을 반복하다 보면 복식 호흡이 자연스러워진다.

그렇게 복식 호흡이 어느 정도 익숙해졌다면 처음보다는 좀 더 길게 시간을 늘려가며 길게 숨을 들이마시고 내쉬어 보자.
처음에는 숫자 다섯을 세며 코로 숨을 들이마시고, 1~2초 정도 숨을 멈춘 다음 다시 숫자 다섯을 세며 숨을 천천히 나눠 뱉는다.
이때 중요한 포인트는 차 있던 숨이 모자라 자연스레 끊어질 때까지 천천히 내뱉어야 한다는 점이다.
이러한 복식 호흡 훈련을 하루 3세트씩 일주일 간격으로 반복하고, 익숙해지면 세는 숫자를 점차 늘려가는 방식으로 훈련하기를 바란다.
예를 들어 처음 일주일간은 숫자 5를 세고, 다음 일주일간은 숫자 7까지, 그다음은 숫자 10까지 세는 방식이다.

이렇게 누워서 하는 복식 호흡이 익숙해졌다면 이제 다음 단계로 넘어가서 선 자세에서 하는 복식 호흡, 또 앉아서 하는 복식 호흡을 차례로 반복해 나간다. 사실 앞에서도 언급했지만 복식 호흡을 단시간에 터득하기

란 쉽지 않다. 따라서 한번에 끝을 봐야지라는 성급한 생각은 버리고, 매일 잠자리에 들기 전에 10분만이라도 반복 훈련하는 것을 목표로 삼는 것이 좋다.

매일 이렇게 꾸준히 복식 호흡을 한다면 어느 순간 본인도 모르는 사이에 안정되고 편안한 호흡으로 이야기를 할 수 있게 될 것이며, 몇 백 명의 사람들 앞에서도 떨리지 않는 목소리로 이야기하는 그날이 오게 될 것이다.

특히 당신이 평소 남들 앞에서 이야기할 때 유독 많이 긴장을 하고 떠는 일을 반복하는 무대공포증 유형이라면 다른 사람들보다 복식 호흡에 더 많은 시간을 투자하자.

백 미터를 전력 질주해서 달려온 사람이 정확한 발음과 흐트러지지 않은 안정된 목소리로 이야기를 전달할 수 있을까?

긴장되어 떠 있는 호흡은 온 힘을 다해 지금 막 백 미터 결승선을 통과한 사람의 호흡과 다를 바 없다.

따라서 스피치를 하기 전에는 긴장되어 턱밑까지 차 오른 호흡을 밑으로 가라앉혀야 한다.

복식 호흡은 호흡을 밑으로 가라앉히는 호흡법이다. 평소 호흡이 위로 둥둥 떠 있는 경우라면 더 심한 목소리 떨림증을 유발할 수 있기에 떠 있는 호흡을 밑으로 가라앉히는 복식 호흡법을 익히는 길만이 목소리 떨림증에서 벗어나는 길임을 잊지 않길 바란다.

스피치를 잘하게 만드는 셀프 트레이닝

 스피치의 가장 큰 방해 요인은 바로 스피치에 대한 공포, 즉 두려움이다. 내가 어떤 상황(Occasion), 어떤 장소(Place), 어떤 사람들(Person) 앞에서 스피치에 대한 부담감으로 겁을 먹게 되면 말은 저 멀리 달아나 버리고 만다. 그렇다면 극도의 긴장과 떨림 현상을 어떻게 극복할 수 있을까?
 우선 왜 떨림증이 생기는 것인가를 먼저 분석해야 스피치 공포를 극복할 수 있다.
 스피치 공포는 크게 2가지 이유 때문에 생겨난다.
 첫째, 대부분의 사람들이 중요한 발표를 앞두고 과도하게 떠는 현상은 노시보 효과 때문인 경우가 많다.
 스피치에서의 노시보 효과는 결과가 안 좋을 것이라는 지나친 걱정 때문에 발생하며, '내가 말하다 실수하면 어떡하지?', '사람들 앞에서 말을 더듬으면 어떡하지?', '내가 준비한 이야기가 기억이 나지 않으면 어떡하지?'와 같은 기우가 실제로 스피치에 대한 공포로 가득 차게 만드는 것이다.

나 역시도 방송을 처음 하던 새내기 아나운서 시절, 카메라 울렁증으로 고생한 적이 있었기 때문에 이런 공포가 얼마나 큰 어려움인지 그 누구보다 잘 알고 있다. 그러기에 내가 스피치 공포에서 벗어나기 위해 했던 노력들을 이 책을 읽고 있는 독자들에게도 필히 알려줘야 한다고 생각했다.

그렇다면 이런 노시보 효과는 어떻게 극복할 수 있을까? 이러한 노시보 효과에는 플라시보 효과가 특효약이다. 좋아질 것이라는 희망적 기대감, 다시 말해 긍정적 결과를 불러오게 만드는 자기 암시가 그 특효약인 것이다.

지금은 지나간 일이긴 하지만 필자가 대학생이었던 2000년도 초반에는 긴장이나 떨림을 없애준다는 소문난 명약이 있었다.

그 약은 상명대 앞에서 주로 파는 약이어서 OO탕이라는 이름이 붙여진 울렁증 특효약으로, 당시 음대 실기 시험을 앞둔 입시생들이나 독주회를 앞둔 연주자, 그리고 면접을 앞둔 취업준비생들에게 반드시 필요한 약으로 불리며 없어서 못 살 정도로 인기 있는 약이었다.

그렇게 그 울렁증 특효약이 최고의 전성기를 누리고 있을 때쯤 그 약

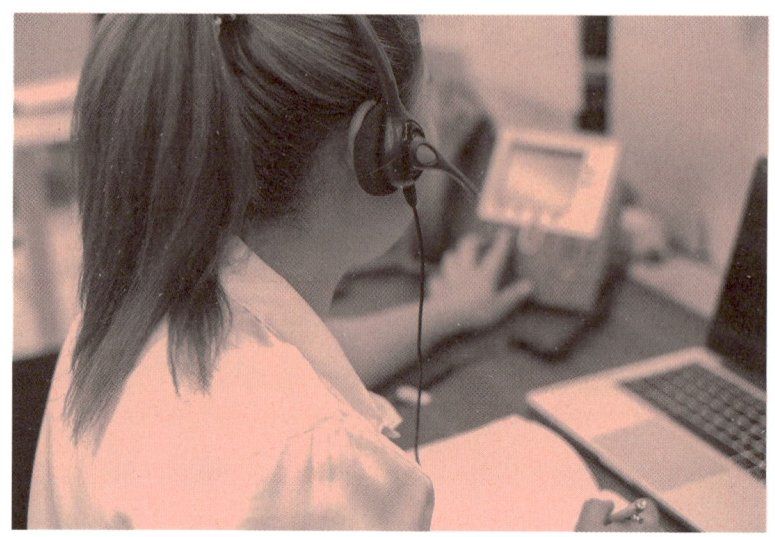

을 제조한 약사가 무허가의약품을 만든 혐의로 처벌을 받으면서 이 약의 성분이 세상에 알려지게 되었다. 식품의약품안전청 조사 결과, 인데놀이라는 혈압강하제와 한약을 섞어서 만든 OO탕의 정체가 드러났고, 이를 언론이 공개한 것이다.

그렇다. 결국 울렁증 특효약은 세상 어디에도 존재하지 않았던 것이다. 그 약은 한의학 족보에도 없는 건 물론이거니와 한약에 혈압치료제를 섞은 가짜 중의 가짜였다.

그러나 이 가짜 특효약은 '내가 잘 할 수 있을까? 실패하면 어떡하지? 이번 시험에 망하는 건 아닐까?' 하는 울렁증 공포에 가득 찬 이들이 플라시보 효과를 기대하며 복용한 덕분에 2003년부터 2012년까지 탕약 봉지로 14만 포, 시가로 7억 원어치나 팔린 경이적인 기록을 세웠다. 더욱 안타까운 사실은 이 약이 가짜로 판명 났음에도 불구하고 이 약을 대신하는 약을 찾아 헤매는 이들이 현재까지도 넘쳐난다는 것이다.

단언컨대 스피치 공포는 그 어떤 약도 아닌 온전히 나 자신의 노력에 의해 이겨내고 떨쳐낼 수 있으며, 당당하게 잘해 낼 수 있을 것이라는 긍정적 자기 암시인 플라시보 효과가 그 어떤 명약보다 특효약이다. 가짜 울렁증 약이 복용한 이들에게 효과를 보였던 이유는 그 약을 먹으면 공포나 울렁증이 사라진다는 플라시보 효과를 그들이 믿었기 때문이다.

이처럼 가짜 명약이 진짜 명약이 되는 플라시보 효과를 보려면 아래와 같은 플라시보 주문을 오늘부터 되뇌면 된다.

"이번 스피치는 분명히 좋은 결과를 가져올 거야."
"준비를 열심히 한 만큼 실수 없이 잘할 수 있어."
"나는 오늘 사람들 앞에서 그 누구보다 멋져. 최고야!"

이처럼 자신만의 긍정적 플라시보 최면을 걸어 당신 자신을 세뇌시키면 실제로 그와 같은 일이 벌어질 거라는 확신에 차게 되고, 자신감이 생기게 되어 극도의 공포감과 두려움이 한결 나아지게 된다. 잊지 말자! 이와 같은 자기 암시는 스스로 할 수 있는 최고로 쉬운 불안극복법이라는 사실을. 내 머리가 내 말을 기억하고, 내 행동이 그 기억대로 움직이게 된다는 것을 명심하자!

스피치 공포가 생겨나는 두 번째 이유는 과거 스피치에 실패해서 창피를 당하거나 무시를 당했던 지나간 기억이 현재 비슷한 상황을 만났을 때 데자뷰처럼 떠오르며 자신을 괴롭히는 트라우마 때문이다.

경험자로서 하는 얘기지만 이러한 과거에 대한 트라우마는 나이를 먹거나 시간이 지난다고 해서 해결되지 않는다. 다시 말해 불행히도 가만히 놔두면 자연스레 없어지는 것이 아니란 이야기다.

과거 자신의 트라우마에 갇힌 울렁증 병을 고칠 수 있는 것은 어떤 명의도 그 어떤 특효약도 아닌 나의 필사적인 노력 여하에 달려 있다.

지금부터 필자가 효과를 봤던 카메라 울렁증과 무대 공포에서 탈출할 수 있는 명 처방을 공개해 보겠다.

스피치 공포에서 해방되려면 평소의 생활 습관이 무척 중요하다.

스피치를 잘하기 위한 10가지 생활 습관

1. 멋지게 말하는 자신의 모습을 그려라.
2. 말할 수 있는 기회를 자주 만들어라.
3. 실수하거나 실패하는 모습을 떨쳐버려라.
4. 내 이야기를 들어주는 상대를 세상에서 가장 편안한 대상으로 생각하라.
5. 본인 스스로를 잘했다고 칭찬하라. 칭찬은 자신감을 불러일으키고

자신감은 실력 향상의 원동력이 되어준다.
6. 목이 아닌 아랫배의 힘을 길러라. (복식 호흡)
7. 자신감을 심어주는 자기 암시문을 늘 지니고 있어라.
8. 말을 할 때 적절한 제스처를 함께 사용하라.
9. 매일같이 거울을 보며 자연스럽게 미소 짓는 연습을 하라.
10. 평소 또박또박 천천히 이야기하는 습관을 들여라.

이러한 10가지의 자기 암시를 담은 스피치 생활 십계명을 머리와 마음속에 늘 간직하고 일상생활을 한다면 어느덧 본인도 모르는 사이에 스피치에 대한 공포를 느끼지 않은 채 담담하게 이야기를 하고 있는 자신을 발견하게 될 것이다. 독자들이여, 이제부터라도 스피치 생활 십계명을 성실하게 지켜 스피치 공포로부터 해방되는 자유를 맛보자!

Lesson 02

스피치를 업그레이드 시키는 기술

스피치를 지금의 상태보다 한 단계 업 시키고 나를 살리는 스피치를 구사하고 싶다면 제일 먼저 지켜야 할 것은 바로 Back to the Basic이다.

나를 살리는 스피치의 비밀은
Back to the Basic에 있다

　무언가 일이 잘 풀리지 않고 문제에 봉착했을 때 그것을 해결할 수 있는 방법은 하나이다. 바로 기본으로 돌아가는 것. 처음부터 다시 시작하는 것만큼 좋은 방법이 없다.
　돌이켜보면 기본에 충실한 사람치고 일 못하는 사람 없고 기본에 충실한 조직만큼 성과 없는 조직은 없다.
　반면 기본을 무시하면 모든 게 다 그릇된 결과로 나타나게 되고 결국엔 실패를 불러오게 된다.
　결국 기본을 지키면 어떤 일을 막론하고 좋은 성과를 이끌어내게 되어 있다. 스피치도 다를 바 없다.
　스피치를 지금의 상태보다 한 단계 업 시키고 나를 살리는 스피치를 구사하고 싶다면 제일 먼저 지켜야 할 것은 바로 Back to the Basic이다.

그렇다면 나를 살리는 스피치를 구사하기 위한 Back to the Basic은 무엇을 뜻하는 것인지 지금부터 하나씩 알아보자.

먼저 운동선수들이 실제 경기에 들어가기 전에 자신의 컨디션을 체크하고 몸의 근육을 풀어주는 스트레칭을 하듯 스피치 역시 가장 기본이 되는 목소리 스트레칭이 필요하다.

먼저 좋은 스피치를 하기 위한 올바른 자세는 다음과 같다.

1. 허리와 가슴을 활짝 편다.
2. 고개는 똑바로 정면을 향하도록 한다.
3. 서 있는 자세에서 발 앞쪽에 무게 중심을 둔다.
4. 앉아 있을 때에는 한 발을 살짝 앞쪽으로 내민다.
5. 몸과 어깨 근육의 긴장을 풀고 단전에 힘을 모은다.

아래의 1~6번 항목은 보이스컨설턴트 박지현 강사가 쓴 '4주로 끝내는 목소리 성형'이란 책에 나와 있는 내용이다. 이 내용을 참고하여 좋은 소리를 내기 위한 목소리 준비운동을 철저히 해보자.

1. 목 스트레칭
① 목을 두 손으로 감싼 다음 부드럽게 마사지한다.
② 두 손으로 머리를 잡고 고개를 천천히 밑으로 내린다.
③ 왼쪽, 오른쪽, 뒤로 고개를 움직이며 가볍게 스트레칭 한다.

④ 두 손을 깍지 낀 후에 엄지손가락으로 턱을 최대한 뒤로 젖힌다.
⑤ 한쪽 손으로 고개를 감싼 다음, 가볍게 당겨주면서 스트레칭 한다.
⑥ 손바닥으로 목을 사선으로 쓸어내리며 마사지 해준다.

2. 어깨 스트레칭

① 양 어깨를 위로 올렸다 내렸다를 3번 이상 반복한다.
② 양 어깨를 뒤쪽으로 원을 그려주듯 3번 이상 스트레칭한다.
③ 두손을 깍지 낀 후에 위로 들어올려 10초간 그 상태로 유지한다.

3. 볼 스트레칭

① 두 뺨을 손바닥으로 부드럽게 5회 이상 마사지해 준다.
② 가글을 하듯 볼에 바람을 넣고 이쪽저쪽 움직여준다.

4. 턱 스트레칭

① 양손으로 턱 주변을 부드럽게 마사지해 준다.
② 하품을 하듯 입을 벌려 아래턱을 가볍게 내려준다.
③ 이와 이를 부딪쳐 씹는 동작을 10회 이상 반복해 준다.

5. 혀 스트레칭

① 혀를 밖으로 내밀어 상하좌우로 움직여준다.
② 혀 끝으로 입안 전체 치아, 볼, 잇몸, 입천장을 골고루 닦아준다.
③ 따르르릉~~~~ 전화벨 소리를 내며 혀를 입천장에 부드럽게 굴려

준다.

6. 입술 스트레칭

① 입안의 공기를 밖으로 내보내면서 푸르르르르~~~ 가볍게 입술을 털어준다.

② 이 때 복부를 안쪽으로 당겨주면서 입술을 풀면 훨씬 더 가볍게 잘 풀린다.

③ 윗입술과 아랫입술을 부딪치며 빱~~~하는 소리를 5회 이상 내 본다.

위와 같은 방법으로 스트레칭을 통해 스피치를 하기 전 준비운동을 철저히 마쳤다면 이제 본격적으로 소리를 내는 발성 훈련에 들어가야 한다. 발성 훈련 초입 단계에서는 우선 소리를 낼 수 있는 최적의 상태로 입술을 워밍업 시켜주는 입술 풀기 단계가 필요하다.

입술의 힘을 최대한 빼고 아랫입술과 윗입술을 부딪치며 푸르르르르~ 가볍게 털어준다.

다음으로 아~ 에~ 이~ 오~ 우~의 각 모음을 입을 크게 벌려 소리내 보자. 이 때 입이 가로로 벌어지는 것이 아닌 손가락 2개가 들어갈 정도의 크기로 하품하듯이 입모양을 세로로 만들어 크게 발음해 보자.

다음으로 똑같은 아에이오우를 스타카토 형식으로 아! 에! 이! 오! 우! 짧게 끊어 소리 내어 보자.

마지막으로 아에이오우를 아에이오우/아에이오우/아에이오우 연속으로 3셋트씩 빠르게 소리 내어 보자.

리듬을 살리는 단계별
발성 훈련법

발표자들의 스피치 중에서 청중들의 귀를 재미없게 만드는 것 중의 하나가 바로 임팩트 없이 지루하게 한 톤으로 이야기하는 것이다. 만일 음악에 강약이 없고 계속 약하게 혹은 계속 강하게만 연주되는 음악이 있다면 그 음악을 우리가 좋아할 수 있을까?

그 음악의 멜로디가 아무리 좋다 한들 하나의 형태로만 계속되는 음악이라면 그 누구도 들으려 하지 않을 것이다.

이야기도 마찬가지이다. 그 이야기의 내용이 공자가 울고 갈 정도로 훌륭한 내용이라 할지라도 강약이 없는 발표라면 듣는 사람 모두를 꿈나라로 가게 만드는 Sleep Story가 될 것이다.

때문에 이야기를 할 때에는 단계별로 목소리에 변화를 주어 생동감 있는 이야기로 만들어야 한다.

　'단계별 발성 훈련'은 말 그대로 음정에 변화를 주면서 목소리를 연출하는 훈련법이다.
　괄호 안의 숫자를 바탕으로 적은 숫자는 소리를 작게 내어보고 큰 숫자로 갈수록 소리를 크게 내면 된다.
　그럼 훈련을 시작해 보자.
　괄호 안에 표기된 숫자의 크기에 맞춰 단계별로 소리를 내어보자.
　10~20은 속삭이는 볼륨, 30~40은 대화하는 볼륨, 60은 무대에서 연기하는 볼륨, 100은 웅변 시 호소하는 볼륨이라고 생각하고 소리를 점점 키웠다가 다시 작게 하는 발성 훈련을 반복해 보자.

3단계 발성

(30) 샘물의 근원은 땅이요.

(60) 나무의 근원은 뿌리요.

(90) 사람의 근원은 마음이라고 했습니다.

4단계 발성

(25) 하나 하면 빛나는 역사가 생각납니다.

(50) 둘 하면 자유와 평등이 느껴집니다.

(75) 셋 하면 민족의 영광을 확신합니다.

(100) 넷 하면 조국의 통일이 달성됩니다.

5단계 발성

(20) 언어가 바뀌면 생각이 바뀌고

(40) 생각이 바뀌면 행동이 바뀌고

(60) 행동이 바뀌면 습관이 바뀌고

(80) 습관이 바뀌면 인격이 바뀌고

(100) 인격이 바뀌면 운명이 바뀐다.

10단계 발성

(10) 10의 음성은 속삭이며 연애하는 음성이며

(20) 20의 음성은 대화를 나누는 보통 음성이며

(30) 30의 음성은 대화를 나누는 조금 큰 음성이며

(40) 40의 음성은 좌담하는 음성이며
(50) 50의 음성은 회의나 토론하는 보통 음성이며
(60) 60의 음성은 설교 또는 강연을 보통으로 하는 음성이며
(70) 70의 음성은 연설이나 설교를 하는 매우 높은 음성이며
(80) 80의 음성은 웅변이나 연설을 하는 음성이며
(90) 90의 음성은 웅변이나 연설을 열정적으로 토로하는 최고의 음성이며
(100) 100의 음성은 인간이 낼 수 있는 최고의 음성입니다.

음악을 듣다보면 음악이 절정으로 치달을수록 점점 소리가 커지는 크레센도(점점 크게)가 등장하기도 하고, 다시 그 절정이 해소되어 점점 작아지는 데크레센도(점점 작게 또는 여리게)가 등장하기도 한다. 스피치에 있어서도 음악에서처럼 점점 크게와 점점 여리게로 강약 조절을 해야 한다. 그렇게 하면 단연 돋보이는 나를 살리는 스피치를 구사할 수 있다.

그러한 훈련 방법으로 다음 페이지에 있는 낱말을 제시어에 따라 소리를 점점 크게 내보고, 다시 점점 작게 내는 훈련을 반복해 보자.

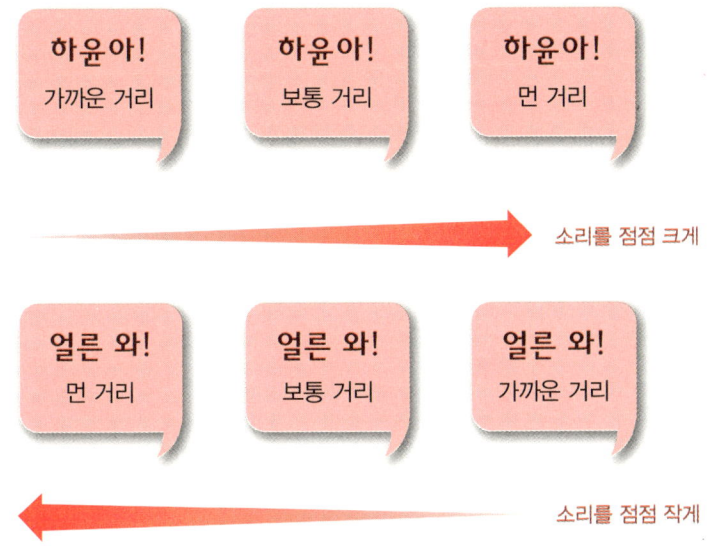

평소에 이와 같은 단계별 발성 훈련을 꾸준히 한다면 강약이 자연스럽게 묻어나는 생동감 넘치는 리듬 스피치를 구사할 수 있게 될 것이다.

나를 또렷하게 각인시키는
정확한 발음 훈련법

　스피치 교육원을 운영하다 보면 보이스 트레이닝을 받기 위해 필자를 찾아오는 사람들 대부분의 고민은 목소리 톤이 아닌 발음이다.
　이처럼 발음 교정을 받기 위해 스피치 교육원을 찾는 사람들이 의외로 많은데, 실제로 제 아무리 좋은 목소리를 가졌다 하더라도 발음이 좋지 않으면 무슨 이야기를 하는지 제대로 알아들을 수가 없기 때문에 상대방에게 답답한 인상을 심어주기 쉽다.
　뿐만 아니라 불분명한 말을 하는 사람의 이야기는 집중해서 듣기가 힘들고, 발음 하나로 인해 그 사람의 전체 이미지가 흐려져 상대가 또렷한 이미지로 보이지 않게 된다. 따라서 우리는 언제 어디서든 상대방의 귀에 내 말이 잘 들리도록 발음에 각별히 신경을 써야 한다.

그렇다면 상대방의 귀에 내 말이 잘 꽂히도록 하기 위해서는 어떤 훈련을 집중적으로 해야 하는 것일까?

우선 발음이 좋지 않은 사람들을 유심히 관찰해 보면 그들은 두 가지 특성을 가지고 있다.

첫째, 입술을 거의 벌리지 않고 이야기하는 습관을 가지고 있다.
둘째, 말을 빨리 하는 습성을 가지고 있다.

입을 작게 벌려서 이야기를 하게 되면 뭘 말하는지 모를 정도로 입안에서 맴도는 웅얼대는 소리가 나오게 된다. 또한 말을 빨리 하게 되면 발음이 꼬이고 말이 씹힐 확률이 높아지기 때문에 이 역시도 올바르게 의사 전달이 되지 않는다.

그렇기 때문에 정확하고 또렷한 발음을 하기 위해서는 말을 할 때 항상 입을 크게 벌려 이야기하는 것을 원칙으로 여겨야 한다.

그런데 이때 주의할 점은 무조건 입을 크게 벌리는 것이 아니라, 하품을 하는 것처럼 입을 세로로 만들어 동굴 성대를 만드는 느낌으로 이야기를 해야 한다는 것이다.

똑같이 입을 크게 벌려도 입이 가로로 벌어지게 되면 자칫 어린아이와 같은 발음이 나올 수 있다.

필자의 어릴 적 친구 중에 모든 문장을 다 혀 짧은 말투로 이야기하는 친구가 있었다. 그 친구가 이야기를 하면 '없어요'가 '엄떠용'이 되고, '아

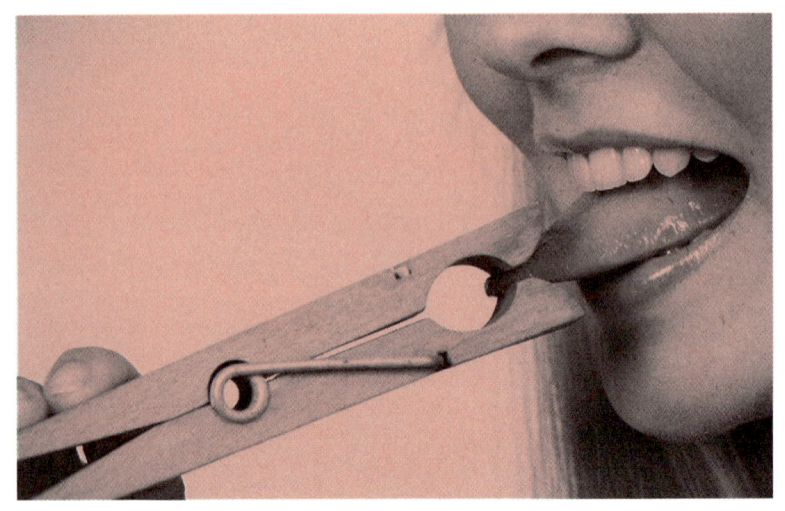

'넌데'가 '아닝뎅'으로, '근데'가 '긍데'가 되는 등 모든 단어를 애교가 가득한 말투로 일부러 바꿔 말하는 것처럼 들렸다. 때문에 나는 친구가 일부러 귀엽게 보이고 싶어서 모든 단어를 혀 짧은 소리로 바꿔 말하는 것이라고 생각했었다. 그러나 십년 후 보이스 트레이닝 교육을 받은 이후로 깨닫게 된 것은 실제로 그 친구는 본인이 원해서가 아니라, 자신은 정확하게 발음을 하고 싶어도 '사랑해'가 상대방 귀에는 Th발음의 '따랑해'로 들리거나, "꿈꿨어요"가 "꿈꼬또요" 같은 혀 짧은 소리로 들릴 수밖에 없는 발음 구조를 가지고 있었다는 것을 알게 되었다.

말을 할 때 입을 위아래로 세운다는 느낌으로 하면 혀가 자연스럽게 바닥으로 내려가기 때문에 보다 또렷한 발음으로 말할 수 있게 된다. 또한 단어나 문장을 이야기할 때에는 또박또박 이야기하는 훈련을 하는 것이 좋은데, 가장 좋은 훈련법은 긴 문장이 많고 딱딱한 문어체가 많은 신문 기사를 큰 소리로 또박또박 낭독하는 것이다.

이때 주의할 점은 단어를 몰라서 빠르게 낭독하는 것이 아니라, 한 음절씩 천천히 짚어서 말해야 한다. 평소 이야기할 때도 이렇게 한 글자씩 천천히 말하는 연습을 꾸준히 하다 보면 어느새 보다 정확한 발음으로 이야기하는 자신을 발견할 수 있을 것이다.

발음의 정확성 향상 훈련

1. 혀 운동

다음 문장에서 강조된 글자에 강세를 주어 가로와 세로로 반복하며 읽어보자.

다	**댜**	더	**뎌**	도	**됴**	두	**듀**	드	디
다	**댜**	**더**	**뎌**	**도**	**됴**	**두**	**듀**	**드**	**디**
라	**랴**	러	**려**	로	**료**	루	**류**	르	리
라	**랴**	**러**	**려**	**로**	**료**	**루**	**류**	**르**	**리**
사	**샤**	서	**셔**	소	**쇼**	수	**슈**	스	시

사 샤 서 셔 소 쇼 수 슈 스 시
하 **햐** 허 **혀** 호 **효** 후 **휴** 흐 히
하 햐 허 혀 호 효 후 휴 흐 히

2. 조음 기관을 이용한 발음 훈련

조음기관은 말소리를 만드는데 쓰이는 신체 기관으로 다른 말로는 발음기관이나 음성기관이라고도 한다.

조음기관의 대표적 기관으로는 혀, 치아, 입술, 볼, 턱, 연구개, 경구개 등이 있으며, 발음이 좋아지기 위해서는 말을 하기 전에 이러한 조음기관을 충분히 풀어주어야 정확하고 또렷한 발음을 구사할 수 있다.

1) 자음과 모음을 활용한 발음 향상 훈련

ㅏ ㅔ ㅣ ㅗ ㅜ 모음 발음에 자음 받침소리를 넣어 조음기관을 풀어주는 훈련을 해보자.

ㅏ ㅔ ㅣ ㅗ ㅜ 모음 앞에는 ㄱ부터 ㅎ까지 자음을 넣고 받침소리로는 'ㄱ, ㄴ, ㄷ, ㄹ, ㅁ, ㅂ, ㅇ'의 7개 자음을 넣어 발음을 해보는 것이다. 예를 들어 'ㅏ ㅔ ㅣ ㅗ ㅜ' 앞에 ㄱ이 붙으면 '가게기고구'가 되고, 그 밑에 자음 받침을 붙이면 '각겍긱곡국'이 되는 것이다. 이렇게 ㄱ부터 ㅎ까지 자음과 모음을 활용해서 조음기관을 충분히 풀어주는 훈련을 하면 발음이 정확해지는 것을 느낄 수 있다.

① 각객긱곡국/간겐긴곤군/갈겔길골굴/감겜김곰굼/갑겝깁곱굽/강겡깅공궁
② 낙넥닉녹눅/난넨닌논눈/날넬닐놀눌/남넴님놈눔/납넵닙놉눕/낭넹닝농눙
③ 닥덱딕독둑/단덴딘돈둔/달델딜돌둘/담뎀딤돔둠/답뎁딥돕둡/당뎅딩동둥
④ 락렉릭록룩/란렌린론룬/랄렐릴롤룰/람렘림롬룸/랍렙립롭룹/랑렝링롱룽
⑤ 막멕믹목묵/만멘민몬문/말멜밀몰물/맘멤밈몸뭄/맙멥밉몹뭅/망멩밍몽뭉/
⑥ 박벡빅복북/반벤빈본분/발벨빌볼불/밤벰빔봄붐/밥벱빕봅붑/방벵빙봉붕
⑦ 삭섹식속숙/산센신손순/살셀실솔술/삼셈심솜숨/삽셉십솝숩/상셍싱송숭
⑧ 악엑익옥욱/안엔인온운/알엘일올울/암엠임옴움/압엡입 옵 웁/앙엥잉옹웅
⑨ 작젝직족죽/잔젠진존준/잘젤질졸줄/잠젬짐좀줌/잡젭집좁줍/장젱징종중
⑩ 착첵칙촉축/찬첸친촌춘/찰첼칠촐출/참쳄침촘춤/찹쳅칩촙춥/창쳉칭총충
⑪ 칵켁킥콕쿡/칸켄킨콘쿤/칼켈킬콜쿨/캄켐킴콤쿰/캅켑킵콥쿱/캉켕킹콩쿵
⑫ 탁텍틱톡툭/탄텐틴톤툰/탈텔틸톨툴/탐템팀톰툼/탑텝팁톱툽/탕텡팅통퉁
⑬ 팍펙픽폭푹/판펜핀폰푼/팔펠필폴풀/팜펨핌폼품/팝펩핍폽풉/팡펭

핑퐁퐁

⑭ 학헥힉혹훅/한헨힌혼훈/할헬힐홀훌/함헴힘홈훔/합헵힙홉훕/항행힝홍훙

3. 난해한 발음 연습

다음 문장을 올바른 띄어쓰기에 맞춰서 읽지 않고 책에 표시된 띄어쓰기대로 끊어 읽어 보아라.

① 강건너강공장장은 간장공장공장장이고 강안건너 공공장장은 된장공장공장장이다.
② 우리집옆집앞집뒷창살은 홑겹창살이고 우리집뒷집앞집옆창살은 겹홑창살이다.
③ 다국적기업이 다각적통화상태 협정의 다각적결제로 다각무역을하며 단독국의단순상품생산은 단순승인으로 담보청구권의 담보책임을 답습하였다.
④ 능청떠는늙정이가 절에가서젓갈찾다, 눈두덩이에 눈덩이 맞아 면상이 누르락푸르락, 울그락불그락 되어서 늪앞에서 능률증진에 힘쓰는 농부를 이유없이 후려치고 있다.
⑤ 내친걸음에내일은 왜놈밥집술국밥값갚고 오늘은외나무밥집 장국밥값갚고 내빼려는내일은 내시의 내자이다.

⑥ 낙방하여낙향한낙망자는 낙루하고 난간에서난감한난쟁이는 난데없이 나중보자는 양반무섭지않다며 난동을부린다.
⑦ 강낭콩옆 빈콩깍지는 완두콩깐 빈콩깍지이고 완두콩옆 빈콩깍지는 강낭콩깐 빈콩깍지이다.
⑧ 넉섬은넉지에 널따랗게널으니 넓던널방석이 널뛰기도모자라게 되었다.
⑨ 동해파도 철썩찰싹 철찰싹 남해파도 찰싹철썩 찰철썩
⑩ 똘똘이네알뜰이는 한푼두푼알뜰살뜰 털털이네흥청이는 서푼네푼흥뜰망뜰

상대의 귀에 콱 박히는
전달법의 비밀

　필자가 스피치 교육을 하면서 가장 많이 들어 본 질문 중의 하나는 바로 "아나운서들은 어떻게 그렇게 귀에 쏙쏙 들어오게끔 이야기를 할 수 있어요?"라는 질문이었다. 아나운서 생활을 했던 나 역시도 방송을 하면서 가장 많이 어려웠던 점이 실은 이 전달력 부분이었다. 목소리 톤은 한 번 잡히면 쉽사리 바뀌지 않아 원하던 톤을 꾸준히 유지할 수 있었지만 전달력에 있어서는 늘 만족할 만큼의 결과가 나오지 않았기 때문이다.
　따라서 대본이나 스크립트를 소리 내어 낭독할 때 내가 가장 신경 쓰며 연습했던 부분은 어떻게 하면 좀 더 효과적으로 표현하고 전달력 있게 말할 수 있을까 하는 것이었다.

　그러한 고민 속에서 당시 백지연 아나운서가 진행하는 TV 프로그램을 보며 방송 모니터링을 하던 어느 날이었다. 나는 백지연 아나운서의 프로그램 첫 오프닝을 듣자마자 전류에 감전이라도 되듯 온몸이 얼어붙었다.

귀에 콕콕 박히도록 말하는 그녀의 전달 스킬이 소름이 돋도록 훌륭해서 순간적으로 얼음이 되고 만 것이다.

그 이후로 내가 집착한 것은 듣는 사람을 연신 감탄하게 만드는 그녀의 전달 비결이었다. 그래서 그녀가 등장하는 방송이라면 무엇이든지 보고 또 보고, 듣고 또 듣기를 반복하며 전달력의 비밀을 알고자 노력했다. 그러나 정확하게 그 비결 속에 어떤 법칙이 숨어 있었는지를 깨닫기까지는 반년의 세월이 더 걸렸다. 그 비결을 알게 된 것은 어느 날 듣게 된 스피치 강의를 통해서였다.

상대방의 귀에 쏙쏙 박히게 전달되는 백지연 아나운서의 호소력 있고 전달력 있는 스피치의 비결은 바로 '콕 찍어 이야기하는 강조법'에 있었다. 말이 단조로우면 밋밋하고 생기가 없어 자칫 지루한 말로 들릴 수 있다. 그렇기 때문에 말을 할 때 강조 기법을 통해 자연스러운 리듬을 주어야 한다.

그 방법은 바로 자신이 강조하고자 하는 부분을 다른 부분과 차별을 두어 이야기하는 강조 기법이다.

우리가 일상생활에서 사용할 수 있는 강조 기법은 크게 4가지로 나누어 볼 수 있으며, 높임 강조, 낮춤 강조, 느림 강조, 멈춤 강조가 바로 그것이다.

그렇다면 이제 강조 기법들에 대해 살펴보기로 하자.

높임 강조

　높임 강조는 말 그대로 강조하고자 하는 대목을 다른 대목들에 비해 한 톤 높여서 이야기하는 강조법이다.
　이 기법은 강조 기법의 가장 기초가 되는 기법으로 많은 사람들이 강조를 하고자 할 때 이 방법을 통해 표현한다.
　다음 페이지에 있는 강조 부분에 힘을 줘서 한톤 높여 크게 말해 보자.

> **소망이는** 어제 언니와 놀이공원에서 회전목마를 탔습니다.
> 소망이는 **어제** 언니와 놀이공원에서 회전목마를 탔습니다.
> 소망이는 어제 **언니와** 놀이공원에서 회전목마를 탔습니다.
> 소망이는 어제 언니와 **놀이공원에서** 회전목마를 탔습니다.
> 소망이는 어제 언니와 놀이공원에서 **회전목마를** 탔습니다.

위 지문에서 볼 수 있듯이 어느 부분 어느 위치를 강조했는지에 따라 전해지는 의미와 느낌이 달라지는 것을 알 수 있다.

낮춤 강조

낮춤 강조는 앞서 언급한 높임 강조와는 반대로 강조하고 싶은 대목을 작게 또는 여리게 표현하는 것이다.

학창 시절, 왁자지껄하고 소란스러운 교실 분위기가 갑자기 조용해지는 어느 한 순간 "뭐지?" 하며 모두가 앞을 보고 집중했던 경험이 한번쯤 있을 것이다.

그렇다. 무언가 집중이 요구될 때 큰 목소리로 청중을 압도해야만 몰입이 잘 된다고 생각할지 모르지만 소수의 청중이 있을 때에는 오히려 목소리를 낮춰 프라이빗하게 이야기하는 것이 몰입과 집중도를 높이는 데 더 효과적일 수 있다.

아래의 강조 부분을 다른 부분에 비해 한톤 낮춰서 작고 부드럽게 표현해 보자.

> 할머니께서 어제 저녁 **쓰러지셨습니다**.
> 첫 눈이 **송이송이** 내립니다.
> **살랑살랑** 꼬리를 흔들며 우리 집 강아지가 나를 맞아줍니다.

느림 강조

앞에서 언급한 높임과 낮춤 강조가 훈련을 통해 자연스럽게 표현이 되고 있다면 이제는 한 단계 더 업그레이드 된 강조 기법인 느림강조에 도전해 보자.

느림 강조는 말 그대로 강조하고 싶은 대목을 다른 부분보다 천천히 한 음 한 음 짚어가며 이야기하는 기법으로, 말을 느리게 표현함으로서 그 문맥의 내용을 한 번 더 생각하게 만드는 강조 기법이다.

월터 B 스티븐스는 미주리 주 역사학회가 출판한 '이 기자가 본 링컨'이라는 책에서 링컨은 연설을 결론으로 이끌 때 이러한 방법을 자주 애용했다고 밝히고 있다.

리더북스에서 발간된 도서 '말하는 법 1%만 바꿔도 인생이 달라진다'의 저자 '데일 카네기'는 책에서 "링컨은 몇 단어를 굉장히 빠르게 말하고 정작 자신이 강조하고 싶은 단어나 문구에서는 느긋한 목소리로 말의 속도를 늦췄다. 그런 후에는 다시 번개처럼 문장의 끝까지 달음박질치는 것이었다. 그는 강조하고자 하는 한 두 개의 단어에 중요하지 않은 단어 대여섯 개와 맞먹는 시간을 들이곤 했다."고 말하고 있다.

아래 지문에서 강조된 부분을 천천히 늘여 이야기한다는 느낌을 가지고 느림 강조로 읽어 보아라.

① 인생을 살아가면서 조급해하지 마세요.
속도를 줄이고 인생을 즐기세요.
너무 빨리 가다 보면 놓치는 것은
주위 경관뿐이 아닙니다.
어디로… 왜 가는지도… 모르게 될 수 있으니까요.

② 빨리 간다고 해서 더 잘 보는 것은 아니다.
때로는 **느림의 미학을** 즐기며
인생을 살아가는 것도 하나의 좋은 방법이다.
진정으로 귀중한 것은 **생각하고 보는 것이지**
속도가 아니기 때문이다.

③ 꿈은 어디에도 없다. 꿈은 **여기에 있다.**

멈춤 강조

멈춤 강조는 말을 전달하는 데 있어서 중요한 필살기임에도 불구하고 초보자들은 이 점을 간과하기 쉽다.

왜냐하면 멈춤 강조는 고수들이 주로 쓰는 방법으로 실제로 이 강조 기법을 사용해서 이야기하기까지 많은 훈련을 해야만 자연스럽고 익숙하게 사용할 수 있는 고난도의 기법이기 때문이다.

이 멈춤 강조를 드라마틱하게 사용하는 유명인사는 링컨 외에 한 명이 더 있다. 링컨에 버금가는 연설의 대가, 바로 전 미국 대통령 버락 오바마이다.

오바마의 연설을 두고 미국의 보스턴 대학 정치학과 버지니아 사피로 교수는 "그의 연설을 텍스트로 읽으면 그 감동이 반으로 줄어들 것이다."고 했으며, 전 영국 총리 토니 블레어의 연설문 작성자인 필립 콜린스는 "오바마 연설의 강점은 내용보다 리듬에 있다."고 말했다.

그들의 말을 종합해 보면 오바마의 연설은 그가 전달하고자 하는 내용이 좋다기보다 그의 표현 방식이 훌륭하다는 것이다.

실제로 오바마의 연설에는 멈춤과 쉼표가 자주 등장한다.

그는 연설에서 멈춤과 쉼표를 적절하게 잘 활용한다. 쉼표로 연설에 대한 청중의 집중도를 높이고, 이어지는 내용을 궁금하게 만들고, 청중이 자신의 감정에 공감할 수 있도록 호흡을 이끈다.

합주곡이나 합창곡에서 돌연히 악곡의 흐름이 멈추고 모든 악기가 일제히 쉬는 '게네랄파우제(Generalpause)'처럼, 오바마는 마치 대규모 오케스트라의 지휘자인 양 자신의 연설 도중 청중과 함께 게네랄파우제를 연출한다.

그가 연설 도중 아무 말도 하지 않는 그 순간, 청중 또한 숨을 제대로 쉬기 힘든 격렬한 통제를 당한다.
리듬을 통제한다는 것은 단순히 말하는 것을 멈추는 것이 아니라, 통제를 활용해 더욱 활발한 주고받기, 즉 상호교환의 리듬을 또다시 유발하는 것이다.

이렇게 멈춤과 쉼을 통해 청중과 서로 상호 작용을 하며 소통을 하면 결과는 어떠할까? 한마디로 표현하자면 '청중을 자신의 편'으로 만들 수 있다.
'정적이 흐르는 51초의 침묵 연설'로 3억에 달하는 미국인들을 감동의 도가니로 몰아넣어 미국의 제44대 대통령으로 당선된 오바마가 그것을 입증한다.

오바마는 연설이 끝나갈 때 10초 정도 연설을 중단한 채 시선을 오른쪽으로 돌려 어딘가를 응시했으며, 다시 10초 정도의 쉼을 갖고 심호흡을 했다. 30초 정도가 지나자, 그는 눈을 깜빡이며 감정을 추스르고 다시 연설을 이어갔다.

때로는 이렇게 오바마의 연설처럼 멈춤의 미학이 우리의 스피치에도 필요하다. 그러기 위해서 지금부터 멈춤 강조 훈련을 열심히 해보자.

다음 지문의 강조 부분을 중요한 대목이라 생각하고 강조하고자 하는 문장의 앞부분에 쉼(Pause)을 넣어 청중에게도 들을 준비와 긴장감을 주는 극적인 강조 기법을 사용해 보자.

① 2017! 드라마 부문 올해의 대상은 //// (쉼이 필요한 부분)
(강조문장)〉〉〉 **OOO 입니다! 축하드립니다.**

② 고백할 게 있어. 그동안 말하지 못했는데… 실은 ////
(쉼이 필요한 부분)
(강조 문장)〉〉〉 **내가 사랑했던 사람은 바로 너야.**

③ 내가 사랑했던 그 사람이… //// (쉼이 필요한 부분)
(강조 문장)〉〉〉 **내일이면 다른 사람의 여자가 된대.**

멈춤 강조는 이와 같이 뒷말의 강조점을 더 두드러지게 표현할 수 있는 효과적인 표현법으로, 청중의 집중도를 높이고 여운을 남길 수 있는 강조 기법이니 평소에 잘 훈련해 두고 적시적소에 활용해 보자.

표현의 시대, 감정 표현의 달인이 되는 방법

똑같은 내용을 말하더라도 누가 이야기하느냐, 어떻게 말하느냐에 따라 의미 전달이 확연히 다르게 느껴진다. 감성 표현 역시 똑같은 의미를 담고 있어도 자신의 감정을 어떻게 연출하느냐에 따라 전혀 다른 느낌으로 전달될 수 있다.

'안녕하세요.'라는 인사를 아무런 감정 없이 무미건조하게 표현하는 사람과 함박웃음을 지으며 기쁜 목소리로 표현하는 사람이 있다. 이 두 사람의 인사를 받는 사람은 그들을 같은 느낌으로 받아들일 수 있을까? 이처럼 말이 살아 있으려면 그 말을 전달하는 사람의 감정부터 그대로 살아 움직여야 한다.

다음의 말을 제시어에 따라 감정을 다르게 실어 표현해 보자.

"됐어, 괜찮아!" – **기분 좋게 거절하듯**
"됐어, 괜찮아!" – **치사해서 안 받는 듯**

"그게 정말이야??" – **기쁘게**
"그게 정말이야??" – **놀란 듯이**
"그게 정말이야??" – **실망스럽게**
"그게 정말이야??" – **슬프게**

"선생님!" – **부를 때**
"선생님!" – **부탁할 때**
"선생님!" – **신이 나서**
"선생님!" – **놀랐을 때**

"반갑습니다" – **기쁘게**
"반갑습니다" – **퉁명하게**
"반갑습니다" – **슬프게**
"반갑습니다" – **귀찮다는 듯이**

"이게 얼마라고?" – **놀라움**
"이게 얼마라고?" – **경멸**
"이게 얼마라고?" – **후회**

"이게 얼마라고?" – **기쁨**
"이게 얼마라고?" – **의심**

"네" – **물론이죠**
"네" – **그래서요**
"네" – **글쎄요**
"네" – **뭐라구요**
"네" – **대답**

다음 지문을 보며 다양한 감정 표현을 해보자.

"세상에! 마침내 우리가 이겼어!" – **기쁨**
"어떻게 이런 말도 안되는 일이….." – **슬픔**
"하아 갈수록 태산이라더니 정말 걱정입니다." – **걱정**
"지금 그게 다 무슨 소용이란 말입니까?" – **탄식**
"그만하지 못하겠니? 당장 멈춰!" – **명령**
"이만하면 됐어요. 전 여기서 그만할래요." – **포기**
"두고 봐. 반드시 내가 그대로 복수해주겠어." – **협박**
"풉. 돼지 목에 진주 건다고 돼지가 머 달라져 보이니?" – **멸시**
"역시 넌 정말 대단해. 난 네가 잘 해낼 줄 알았다니깐." – **칭찬**
"꼴도 보기 싫으니 당장 내 눈앞에서 사라져!" – **미움**
"내 눈에 흙이 들어가기 전에는 절대로 이 결혼 못하네!" – **노여움**
"말도 안 돼! 그게 정말이야?" – **놀람**

"무서워요. 전 정말 못하겠어요. 너무 떨려요." - **두려움**
"어머, 이게 누구야, 대체 얼마만이니?" - **반가움**
"난 너와 함께라면 그 어디든 좋아. 영원히 함께하자." - **사랑**
"넌 도대체 누굴 닮아서 그러니? 이해가 안 간다." - **황당**
"어휴 네 마음대로 해, 난 두 손 두 발 다 들었다." - **체념**
"제가 그런 거 아니에요, 정말이에요 믿어주세요." - **억울함**

말의 속도 조절을 통해 상대를 집중시키는 스피치 밀당

　연애의 고수 중에는 일명 밀당의 달인들이 많은데, 연애에서 적절한 타이밍으로 하는 밀고 당기기는 긴장감을 고조시켜 연인 관계를 쫄깃쫄깃하게 유지하는 필요충분 기술이다.
　연인 사이가 긴장감 없이 밋밋하고 건조한 상태로 유지되다 보면 지루하고 시들해지는 것은 물론, 심한 경우 한쪽에서 딴 생각을 하게 되는 경우가 많다.

　따라서 상대를 오롯이 내 사람으로 만들기 위해서는 적당한 줄다리기가 필요하다. 이와 같은 밀당은 비단 연애에서만 필요한 것이 아니다. 스피치에서도 고급 밀당 기술이 필요하며, 특히 처음 만나는 상대와의 스피치에서 밀당 기술은 없어서는 안 될 중요한 요소이다.

스피치의 밀당을 쉽게 이해하려면 자동차의 엑셀과 브레이크를 떠올리면 된다. 자동차로 주행을 할 때 엑셀 페달을 밟아야 할 때와 브레이크 페달을 밟아야 할 때가 있듯, 말에 있어서도 천천히 해야 될 부분이 있고, 빠르게 해야 할 부분이 반드시 있기 마련이다.

한결같은 속도로 말을 하면 자칫 이야기가 지루해져서 상대가 내 이야기에 집중하지 못하고 딴 생각을 하게 되기 때문이다.

따라서 스피치에서도 이러한 타이밍을 잘 조절해서 말의 긴장감이 떨어지지 않도록 하는 밀당의 기술이 필요하다.

그렇다면 스피치의 밀당은 어느 대목에 사용해야 효과적인 것일까?

밀당은 밀고 당기기의 줄임말이다. 즉 이야기를 할 때 당겨야 할 부분이 있고, 반대로 밀어야 할 부분이 있어야 한다.

예를 들어 상대방이 다소 이야기하기 어려운 내용이나 중요한 내용, 헷갈리기 쉬운 명칭이나 주요 이름 등은 천천히 강조하면서 브레이크를 밟아 이야기를 하고, 반대로 앞서 언급한 내용들을 다시 언급하거나, 중요하지 않은 내용, 상대가 지루해하는 듯한 부분의 이야기 등은 빠르게 당겨서 이야기하는 것이다.

그러나 이때 주의할 점은 연애할 때 밀당을 너무 심하게 하면 오히려 소원한 사이가 되거나 심한 경우 이별을 맞게 되듯이, 스피치에 있어서도 과도한 밀당은 자제해야 한다.

핵심적인 부분에만 임팩트 있게 밀당 기술을 적용해야만 내가 전달하고자 하는 말이 더 돋보이는 '제대로 된 밀당 스피치'가 된다.

그리고 또 하나 주의할 점은 밀당의 핵심 기술은 상대에게 자신이 밀당 중이라는 사실을 들키지 않아야 밀당 본연의 임무를 다할 수 있다. 따라서 말을 할 때 밀당 기술을 상대가 눈치 채지 못하도록 자연스럽게 조절을 해서 고급스러운 스피치를 구사하는 것을 목표로 삼아야 한다.

그렇다면 지금부터 밀당에 사용되는 말의 속도를 조절하기 위한 방법을 알아보기로 하자.

말을 전달하는 데 있어서 속도만큼이나 중요한 것은 없다. 말의 속도가 너무 빠르면 상대가 나의 이야기를 놓치기 쉽고, 반대로 너무 느리면 답답하고 지루해서 나의 이야기에 집중을 하지 못하게 된다. 특히 중요한 이야기일수록 이야기를 전달하는 속도가 결과에 큰 영향을 미치기 때문에 평소 속도 조절 훈련을 통해 나의 이야기 속도를 최적화시켜야 한다.

우리가 일반적으로 사석에서 1분 동안 쉬지 않고 이야기를 할 경우, 1분에 적게는 120단어, 많게는 140단어 정도의 이야기를 할 수 있다. 그러나 회의나 고객 간의 미팅, 그리고 프레젠테이션 자리에서처럼 상대에게 생소하고 익숙하지 않은 내용을 전달할 때에는 의도적으로 이보다 더 천천히 말해야 그 내용이 효과적으로 전달될 수 있다. 보통 청중들이 나의 이야기를 따라오는데 부담을 느끼지 않을 정도의 속도는 1분에 100단어 정도를 말하는 것이다.

이는 원고지 2장 정도에 해당하는 분량이며, 글자 수로는 1분에 270자

정도를 읽는 속도가 청중을 이해시키는 데 가장 좋은 속도이다.

그러나 이 270이라는 수치에 너무 신경을 쓸 필요는 없다.
스피치를 전달하는 상황은 때에 따라 유동적이기 때문에 상황에 맞는 속도는 언제나 변할 수 있기 때문이다.
가령 건물에 불이 났을 때. 건물 입주자들에게 화재가 났으니 빨리 대피하라는 안내 방송을 해야 하는 긴급한 상황에서, 1분에 270음절이라는 기본 공식을 지키기 위해. 수치에 충실한 안내 방송을 하게 된다면 어떻게 될까? 대피하라는 말을 듣기 이전에 초가삼간이 다 타 버리고 말 것이다.
따라서 급박한 상황을 전달할 때는 빠르게 휘몰아치듯 엑셀을 밟아 진행하고, 감성적인 내용을 전달할 때는 브레이크를 살며시 밟아 천천히 이야기해야 적절한 속도 배분이 된다.

그렇다면 이제 본인의 평소 말하기 속도가 어느 정도인지를 체크해 보자.

다음의 원고를 1분 동안 소리 내어 읽어보고 1분이 끝난 시점에 자신이 읽은 위치를 체크해 보아라.
단지 그냥 쭉 읽어 내려가는 낭독이 아니라, 어제 본 드라마 내용을 친구에게 이야기하듯, 말하는 속도로 읽어 내려가라.

우리의 인생은 우리의 생각, 즉 사고 과정의 산물이다. 당신이 현재의 당신이 되도록 한 것은 당신의 생각 그 자체인 것이다. 그러므로 성공의 비결은 바로 당신의 내면에 있다고 할 수 있다. 우리의 생각은 우리를 난쟁이로부터 거인으로 만들 수도 있고, 거인으로부터 난쟁이로 변신시킬 수도 있다. 생각에 따라 강하게 될 수도 있고, 약하게 될 수도 있는 것이다.

우리가 음식을 먹고, 옷을 입고, 버스를 타고, 신문을 보는 것은 모두 우리의 생각에서 비롯된 것이다. 생각이 앞서지 않는다면 손가락 하나 움직일 수 없다. 우리의 육체는 자동적인 반사에 의해 움직이는 것이 아니라, 그 이면에는 어마어마한 사고의 힘이 숨어 있다.

사고는 부귀와 성공, 물질적 이득, 모든 발견과 발명, 업적의 근원이다. 만약 우리에게 사고가 없었다면 / 가장 원시적인 시대로부터 단 한 발짝의 진보도 이뤄 내지 못했을 것이다.

마찬가지로 사고는 우리의 성격과 인생과 일상생활을 결정한다. 사고력이 없으면 선악이나 행동, 반작용도 있을 수 없는 것이다.

_클라우드 M. 브리스톨의 '신념의 마력' 중에서

1분 타이머를 작동시키고 위 지문을 소리 내어 낭독했을 때, 평소 말하는 속도가 빠른 사람은 끝까지 다 읽고도 시간이 남았을 것이고, 반대로 말이 느린 사람은 절반 정도밖에 못 읽었을 수도 있다.

그러나 말을 적당한 속도로, 상대가 듣기 편하게 말하는 것이 훈련이 되어 있는 사람은 / 표시가 있는 "만약 우리에게 사고가 없었다면" 부분에서 자연스럽게 1분의 시간이 되었을 것이다.

이 부분까지가 105단어 정도가 되는 원고지 2장 분량이기 때문이다.

위 원고가 아니더라도 자신이 일분 당 몇 단어 정도를 이야기하고 있는가를 확인하는 간단한 방법이 있다. 일일이 단어를 다 세어보지 않고도 자신의 1분당 말하기 속도를 파악하는 방법은 다음과 같다.

1. 우선 한글 파일의 한 페이지 정도 분량이 나오는 인터넷 뉴스 기사를 마우스로 선택해서 복사하기를 하고, 한글 파일에 그 내용을 텍스트 형식으로 옮겨 붙인다.

2. 이렇게 한글파일에 붙여 넣은 내용을 1분이란 시간을 재면서, 내가 이야기를 시작해서 일분이 될 때까지 어느 정도 분량을 얘기하는지를 측정해 본다.

이때 주의할 점은 사람이 글을 읽는 속도로 읽지 말고, 이 내용을 내가 입으로 얘기한다면 어느 정도의 속도로 얘기할까를 생각하면서 그 스피

드로 읽어 나가야 한다는 것이다.

3. 일분이 끝나고 나면, 끝나는 위치에 내가 본 부분까지를 체크하고, 내가 일분 동안 읽은 내용만 문서 안에 나오도록 그 뒤에 남아있는 나머지 텍스트는 모두 지운다.

4. 한글 문서를 열어 맨 윗줄 상단 왼쪽에 있는 파일 메뉴를 클릭하고, 이 파일 하단 중간쯤에 있는 문서정보 메뉴를 클릭해서 그 창 가운데에 있는 문서의 통계 메뉴로 다시 한 번 들어간다.

그 탭을 클릭하면 지금까지 내가 읽은, 해당 문서의 문서 통계(총 몇 글자인지, 단어가 몇 개인지, 또 이것을 원고지로 환산했을 때 몇 장 정도의 분량인지) 자료가 한 눈에 볼 수 있도록 요약되어 있다.

5. 여기에서 우리가 관심 있게 지켜볼 것은 분당 몇 단어를 말하느냐이기 때문에 낱말 부분에 표기된 숫자를 보면 된다.
이 숫자가 만일 130이라면 너무 빠른 속도로 이야기를 하는 것이기 때문에 다시 한 번 조금 더 느린 속도로 일분 동안 읽어보고, 일분이 끝나고 나면 또 나머지를 지우고, 다시 문서통계를 보는 식의 훈련을 통해 대략 100단어 내외로 속도를 맞춰야 한다.
이렇게 이야기를 했을 때 청중들이 자신의 이야기를 편안한 속도로 느끼고 효과적으로 받아들일 수 있다는 것을 기억하자.

Lesson 03

청중을 사로잡는 프레젠테이션 스킬

청중을 프레젠테이션으로 끌어들이기 위해서는 가능한 한 청중의 언어로 말하기 위해 노력해야 한다. 이것이 청중을 배려하는 프레젠터의 에티튜드이다.

설득형 프레젠테이션을 할 것인가,
정보제공형 프레젠테이션을
할 것인가

최근 프레젠테이션 능력은 직장인들의 필수 항목 중 하나로 부각되고 있다. 모든 직장인들에게 반드시 필요한 기본 중의 기본이 되었지만, '난 평생 동안 프레젠테이션 할 일은 없을 거야.'라며 프레젠테이션을 자신과는 전혀 무관한 분야로 단정 짓는 사람들이 많은데, 그것은 프레젠테이션이 우리 일상에서 차지하는 부분이 얼마나 큰지를 모르기 때문이다.

프레젠테이션은 제한된 시간 안에 본인의 의사를 전달하고 그것을 통해 상대를 내가 원하는 방향으로 설득시키는 커뮤니케이션 방법이다.
따라서 일상적으로 하는 전화 통화도 프레젠테이션이며, 상사에게 보고하는 행위, 동료와의 대화, 고객과의 미팅 또는 협상, 세일즈는 말할 것도 없고, 신제품 설명회, 업무 회의, 부모와 자녀 간의 상담, 취업 시 반드시 필요한 면접, 자기소개 등의 모든 항목들이 프레젠테이션이란 큰 테두리 안에 속한 커뮤니케이션들이다.

아마도 위에서 열거한 항목들을 피해갈 수 있는 사람은 단 한 명도 없을 것이다. 이처럼 프레젠테이션은 우리 삶의 일부와도 같다고 말할 수 있을 정도로 우리 일상의 많은 부분을 담당하고 있기 때문에 프레젠테이션 스킬을 습득하는 것이야말로 개인의 모든 영역을 향상시키는 지름길이 된다.

우리가 이야기하는 프레젠테이션은 크게 2가지 형태로 나누어 볼 수 있다. 첫 번째는 내가 알고 있는 정보나 지식을 상대방에게 전달하는 것을 목적으로 한 정보제공형 프레젠테이션이고, 두 번째는 제공된 정보를 기반으로 상대를 설득해서 자신이 원하는 방향으로 끌어들이는 설득형 프레젠테이션이다.

쉽게 말하자면 정보제공형 프레젠테이션은 강의와 같은 형태로 이루어지는 방식이라 할 수 있고, 설득형 프레젠테이션은 비즈니스 상에서 이루어지는 경쟁 프레젠테이션을 포함한 대부분의 PT라고 생각하면 된다.

설득형 프레젠테이션은 상대가 우리에게 호의적인 생각을 갖도록 하는데 궁극적인 목적이 있으므로 프레젠테이션 접근 방식이 일반 정보 제공 PT와는 조금 다르다. 이는 상대를 설득하는데 초점이 맞추어져야 하기 때문이다.

설득형 프레젠테이션에서 가장 먼저 신경 써야 할 부분은 첫째, 우리의 제안을 받아들였을 때 상대가 얻게 되는 혜택이나 이익을 반드시 설명해야 한다는 것이다. 특히 비즈니스 프레젠테이션에서 내가 무엇을 이야기하는가는 별로 중요하지 않으며, 내가 제안하는 것들이 상대에게 어떤 혜택을 주는가가 중요하다.

만일 대다수 국민이 신발을 신지 않고 다니는 아프리카에 신발을 수출하려고 한다면 "신발을 신으면 발이 편하다."는 통상적인 이야기보다 "신발을 신어서 발을 보호하게 되면 상피병(발을 거대하고 딱딱하게 만드는 질병)에서 해방될 수 있다."는 그들이 공감할 수 있는 이야기를 가지고 제품을 홍보해야 한다는 것이다.

둘째, 경쟁사도 주최 측의 요구에 합당한 조건을 내세우겠지만, 경쟁사와 비교했을 때 자사의 장점은 무엇이고, 자사가 아니면 안 되는 이유 등을 다음과 같이 타당한 근거와 논리로 풀어나가야 한다.

"저희가 제안하는 수수료는 단 7%입니다. 이는 업계 평균인 10%보다 3%나 저렴한 가격이며, 이곳이 아닌 어디에서도 이 같은 금액을 만나실 수는 없을 겁니다. 30% 절감 혜택을 누리시는데 이보다 더 좋은 조건이 있을까요?"

결론적으로 비즈니스 프레젠테이션은 내가 무엇을 제안하느냐보다는 이 제안을 수용하고 받아들였을 때 상대에게 어떤 이득과 혜택이 돌아가는지에 대한 부분을 강조해야 하며, 이에 맞춰 발표를 준비해야 한다.

그러나 이 부분을 다룰 때 중요한 것은 경쟁사와 비교해서 우리의 제안이 더 탁월하다는 것을 실제로 입증할 수 있는 사례나 일화가 있어야 한다는 것이다. 그냥 말로 무조건 '좋다', '당신에게 이런 이득이 돌아간다.'라고 하면 상대가 어떻게 확신할 수 있겠는가? 그렇기 때문에 반드시 주장에 따른 증거를 제시해서 상대에게 확신과 신뢰감을 심어주어야 한다.

앞의 예시처럼 업계 평균 10% 정도의 수수료를 청구한다고 하면, 실제로 업계 평균을 조사한 수치나 통계 자료를 첨부해서 눈으로 확인시켜 주는 것이 필요하다.

발표자인 당신은 주연이 아닌 조연이라는 것을 기억하라!

프레젠테이션 스킬을 이야기하기 전에 우선 프레젠터들이 갖춰야 할 기본적인 태도에 대해 알아둘 필요가 있다. 그 이유는 많은 프레젠터들이 프레젠테이션을 맡은 자신이 PT의 주인공이라고 생각하고 있기 때문이다.

이와 같은 깜찍한 발상은 던져버려라. 모든 프레젠테이션 작품의 주인공은 상대를 설득시킬 수 있는 프레젠테이션의 내용, 즉 '알맹이'이며, 프레젠터인 당신은 효과적인 스킬로 주인공인 '알맹이'가 최대한 부각되도록 제대로 된 감초 역할을 해야 한다.

우리가 잘 알다시피 작품과 주인공들을 빛나게 하는 것은 주인공 자체보다는 그들을 돋보이게 만들어주는 조연들의 명연기다. 프레젠테이션에

서도 마찬가지로 조연의 빛나는 역할 수행이 없다면 그 작품은 명작이 될 수 없다.

자신이나 회사의 사활을 걸고 열심히 준비한 작품을 청중이라 불리는 관객들에게 쉽게 잊히는 단막극으로 남게 할지, 아니면 시간이 지나도 잊히지 않는 명작으로 기억되게 할지는 프레젠터에게 달려 있다. 프레젠터는 주연을 빛어내는 연출자임과 동시에 주연을 스타의 반열에 올리는 조력자이자, 그를 빛내주는 조연의 역할까지 맡은, 1인 3역의 무대 위 배우 역할을 다해야 하기 때문이다.

그러나 이 부분에서 주목해야 할 것은 프레젠터의 역할을 수행함에 있어 어디까지나 작품에 포커스를 맞춰야 하며 절대로 자기 자신이 포커스가 되어서는 안 된다는 점이다.

그렇다면, 이제 자신이 주인공이라고 생각하는 프레젠터들이 하기 쉬운 실수들에 대해 살펴보고, 올바른 프레젠테이션은 어떻게 해야 하는지 점검해 보자.

청중의 입맛에 맞는 요리를 하듯 발표 준비를 하라!

음식점에 가서 밥을 먹은 후에 기분이 가장 좋은 순간은 맛있는 음식을 먹고 적당히 배가 불렀을 때다. 반대로 맛없는 음식으로 배를 가득 채웠을 때는 무척 기분이 나쁘다.

프레젠테이션도 다를 게 없다. 질 좋은 내용, 적당한 양으로 짜인 PT를 들으면 참으로 유익하게 여겨지지만, 별로 들을 것도 없이 쓸데없는 내용으로 가득 찬 PT가 시간까지 많이 잡아먹는다면, 온갖 잡동사니로 가득한 넓은 행사장을 이리저리 떠돌아다닌 것처럼 피곤하고, 헛된 일에 시간을 빼앗겼다는 좋지 않은 기분이 된다.

필자가 한 푸드 기업의 신입직원들을 대상으로 하는 서비스 교육을 전담했을 때의 일이다.

그 교육의 전담 강사가 되기 위해 몇 백 대 일의 경쟁률을 뚫고 강의를 맡게 되었을 때의 기쁨은 잠시뿐이었고, 입사 후 강의 진행에 앞서 교육 프레젠테이션을 준비해서 평가를 받아야 하는 몇 차례의 시강이 나를 기다리고 있었다.

당시 그 교육을 주관하던 차장급 이상의 실무진들은 아나운서 오디션을 볼 때보다 더 나를 긴장하게 만들었고, 태어나서 그처럼 위축되고 자존심이 상했던 적도 없다.

필자의 시강을 들은 그분들은 며칠 밤을 새워 만든 내 땀과 노력이 깃든 프레젠테이션의 한 페이지 한 페이지를 간단하게 Delete 키로 없애버리는 것이 아닌가? 그것도 미안하다는 말 한마디 없이, 얼굴 색 하나 변하지 않고 말이다.

당시에 나는 너무나 참담한 기분에 제대로 표정 관리가 되지 않았다.
'아니 얼마나 고생해서 만든 작품인데. 그걸 지워?'
내 얼굴은 붉으락푸르락 점점 뜨거워졌으며, 이내 흥분을 참지 못하고 그들에게 물었다.
"아니 도대체 왜 없애는 거죠? 이 부분이 없어지면 매끄러운 스토리텔링이 되지 않습니다."
당돌한 어투로 길길이 날뛰며 반발하는 나를 향해 당시 그 교육의 총책임자였던 교육 팀장님은 차분하고 단호한 톤으로 내 가슴에 비수처럼 꽂히는 말을 던지셨다.

"사족은 없애는 게 답입니다. 사족이 길어지면 정작 들어야 할 중요한 말은 이미 지루해져서 듣기가 싫어지니까요."

"……."

그분의 말에 "이건 사족이 아닙니다."라고 당당하게 토를 달고 싶었지만, 신기한 것은 사라진 페이지가 무척 많았음에도 불구하고 PT를 마무리하는 데 있어서 조금도 어색해지지 않았다는 것이다. 오히려 군더더기 없이 깔끔한 느낌마저 들었기 때문에 나는 더 이상 할 말이 없게 되었고, 나의 반발심은 흔적도 없이 스러져버렸다.

만일 내 생각대로 Delete된 그 부분들이 프레젠테이션에 있어서 반드시 필요한 부분이었다면 그 빈자리가 어색했어야 맞다. 하지만 그것을 빼더라도 프레젠테이션이 수월하게 진행된다는 것은 그분의 말씀대로 사족이 맞다.

그 일을 계기로 필자는 아주 중요한 사실을 깨달았는데, PPT를 만들 때 조금 더 매끄러운 스토리 전개와 그럴듯한 PPT를 만들기 위해 신경 써서 추가한 말들이 남들에겐 사족에 불과하다는 것이다.

돌이켜보면 당시에 나는 완벽하게 숙고하지 않은 내용을 전달하는 게 두려워서 슬라이드를 원고 삼아 그 안에 내가 할 말의 일부를 채워 넣었고, 스토리텔링을 한다는 명분으로 사족을 달다보니 본의 아니게 페이지 수가 늘어나게 되었다. 만약 그때 사족이 삭제되지 않았다면, 필자의 맛

없는 정보가 청중을 과식하게 만드는 결과를 낳을 뻔한 것이다.

만일 그때 그 기업의 팀장님을 비롯한 실무진들의 날카로운 가르침과 쓴소리가 없었다면 어찌 내가 현재 여러 기업들을 돌아다니며 프레젠테이션 스킬을 코칭하는 강사가 될 수 있었겠으며, 많게는 몇 십 억대의 돈이 오가는 경쟁 PT의 전문 프레젠터로 활동할 수 있었을까?

돌이켜보면 그때의 그런 경험들이 내가 성장할 수 있는 좋은 자양분이 돼 주었고, 그런 가르침과 기회를 주신 그분들에게 진심으로 감사한 마음이 든다.

실제 내 경험담을 예로 들었지만 프레젠테이션을 처음 하는 초보 프레젠터일수록 이와 같은 욕심에서 비롯된, 양으로만 승부하는 맛없는 PT가 되지 않도록 주의해야 한다.

기업의 프레젠테이션은 보통 PT를 주관하고 준비해 온 실무자가 PT 당일 프레젠테이션을 직접 맡아 진행하는 경우가 대부분이다.

그러다 보니 나의 사례처럼 PT를 만드는 당사자의 입장에서 욕심이 생겨 너무 많은 양의 정보를 지나치게 쏟아 붓는 PT를 하게 되는 경우가 많다. 이와 같은 욕심은 발표 당일보다도 프레젠테이션을 만드는 과정에서 더 빈번하게 나타난다.

한 장 두 장 조금씩 늘어난 슬라이드와 스크립트를 정리하지 못해서 결국 발표 당일 늘어난 양을 수정하지 못하고 그대로 PT를 했던 경험이 한 번 쯤 있었다면 이 기회에 자신의 프레젠테이션 현주소를 냉정하게 살펴봐야 한다.

우리가 프레젠테이션을 하는 목적은 상대에게 많은 양의 지식과 정보를 심어주는 것이 아니라, 나와 회사가 원하는 방향으로 상대를 설득시키고, 내 편으로 만드는 것이다.

그 목적을 달성하려면 양으로 승부수를 띄우기보다는 내용의 퀄리티를 높여야 한다.

지나치게 많은 양의 정보는 준비한 것을 전달하는 데만 급급한 프레젠터를 혼란에 빠뜨리며, 이는 청중의 상황과 컨디션을 전혀 배려하지 않는 PT로 이어질 확률이 높다.

따라서 이와 같은 상황을 방지하기 위해서는 양에 대한 욕심을 버려야 하며, 빼버려도 내용 전달에 차질이 없는 불필요한 내용들은 과감하게 삭제할 수 있는 용기가 필요하다.

성공적인 프레젠테이션을 하려면 실전이 가까울수록 PT의 양을 본래의 계획보다 줄여나가야 하는데, 100페이지가 넘는 필자의 PPT가 70페이지로 줄어들어 깔끔하게 다듬어졌다는 점을 감안해 볼 때 당신이 준비한 많은 양의 PPT 자료에서 사족이 차지하는 부분이 얼마나 되는지를 반드시 체크해야 한다.

　대부분의 프레젠터는 자신이 만든 PT가 그럴듯해 보이도록 하기 위해 말 그대로 보여주기 위한 PT를 한다.
　가령 전문가가 아니라면 이해하기 어려운 전문용어를 남발한다거나, 그 분야의 전문적인 지식을 구체적인 보충 설명 없이 지나쳐 버리고, 자신들만 아는 이야기로 프레젠테이션을 하는 경우가 많다.
　"채널사인이 어떻고~~ 픽토그램이 어떻고~~."
　"배광을 구현하기 위한 기술로 이차 광학렌즈가 어떻고 저떻고~~."
　어떤가? 몇 마디 안 되는 짧은 이야기지만 위 이야기들이 쉽게 받아들여지는가?

　이런 이야기는 자신이 속한 회사의 전문적인 이야기들로, 관련 지식이 없으면 한 번 들어서는 이해하기 어렵다.
　이렇게 상대가 하는 이야기를 도통 알아듣지 못하는 프레젠테이션은 보나마나 결과가 뻔하다. 의사소통이 안 되는데 무슨 답을 낼 수 있겠는가?

하지만 안타깝게도 많은 프레젠터들이 그렇지 않아도 어려운 내용을 더 어렵게 만들어 커뮤니케이션을 차단시켜버리곤 한다.

프레젠테이션을 준비한 회사나 프레젠터들은 본인들의 언어이기 때문에 너무나 쉽고, 모두가 알만한 내용이라고 판단하기 십상이다.

내가 안다고 해서 남들도 다 알 것이라는 생각은 프레젠테이션에 있어 청중과 나를 분리시키는 가장 큰 요인임을 명심하라.

프레젠터와 청중이 쓰는 언어가 다르면 프레젠테이션에 참가한 청중들은 귀를 닫고, 마음과 문까지 닫아걸게 된다.

청중을 프레젠테이션으로 끌어들이기 위해서는 가능한 한 청중의 언어로 말하기 위해 노력해야 한다.

그러기 위해서는 전문용어나 어려운 내용들은 최대한 쉽게 풀어서 설명해야 하며, 어떻게 하면 좀 더 청중이 쉽게 이해할 수 있을지에 대해 고민해야 한다. 이것이 청중을 배려하는 프레젠터의 에티튜드이다.

다시 말하지만 PT의 주인공은 청중들이 관심을 가질만한 내용으로 이루어진 '알맹이'다. 그 '알맹이'가 청중의 눈과 귀로 쏙쏙 들어가게 하려면 최대한 그들의 언어로 이야기해야 한다는 것을 잊지 말자.

화려한 언변과 전문적 지식으로 프레젠테이션을 포장하면 할수록 청중은 점점 내 편에서 멀어져간다. 항상 본인이 던지는 이야기가 청중이 처음 접하는 것일 수도 있다는 것을 염두에 두고 청중의 이해를 돕기 위해 아낌없이 시간을 투자하라.

프레젠테이션 오프닝은
영화 예고편을 보여주듯이 하라!

앞에서 우리는 어려운 이야기를 더욱 어렵게 전달하고 있지는 않은지에 대해 살펴보았다.

그렇다면 어떻게 해야 어려운 이야기를 쉽게 전달할 수 있을까?

이것만 해결된다면 적어도 내 이야기가 어려워서 청중이 듣지 않거나 이해가 되지 않아 소통이 어려운 일은 없을 것이다.

오프닝으로 PT를 시작해서 클로징으로 마무리되기까지 프레젠테이션 전반에 매직 3를 활용하면 청중이 알아듣기 쉽게 이야기를 전달할 수 있다.

3이라는 숫자는 우리에게 굉장히 익숙한 숫자인데, 이는 어릴 때부터 배워온 이야기 구조에서 항상 빠지지 않고 등장하는 서론, 본론, 결론이라는 3단계 구조가 우리에게 친숙하기 때문이다.

그러나 이 매직 3은 비단 우리나라에서만 사용되는 것이 아니다. 전 세계 어느 나라를 막론하고 이 매직 3은 공공연한 전달 기술로 활용되고 있으며, 그 대표적인 예가 바로 뉴스이다.

대한민국이나 세계 모든 나라의 뉴스는 모두 이 매직 3의 구조로 이루어진다. 즉 뉴스 시작 전에 오늘의 주요 뉴스 기사가 나가고, 그 다음 세부적인 본론이 보도되고, 마지막으로 간추린 뉴스로 다시 한 번 요약정리가 되어 나간다.

뉴스는 말 그대로 매일같이 새로운 소식과 처음 접하는 생소한 이야기를 시청자에게 전달해준다.

프레젠테이션 또한 새로운 정보를 처음 접하는 대상이 시청자가 아닌 청중이라는 점만 빼면 뉴스와 다를 게 없다.

그렇다면 뉴스에서 활용되고 있는 이런 매직 3의 기법을 프레젠테이션에서 어떻게 활용할 수 있을까?

프레젠테이션에서 매직 3의 첫 단계인 매직 1은 주요 뉴스에 해당되며, 그것은 오늘 전개되는 프레젠테이션의 큰 그림을 보여주는 개요와도 같다. 나무를 보여주기 전에 큰 숲을 보여주는 것처럼, 프레젠테이션의 첫 단계는 바로 프레젠테이션의 개요이다. 즉 발표자가 지금부터 할 이야기가 무엇인지에 대해 보여주는 첫 단계가 바로 매직 1이다.

프레젠테이션 개요를 영화나 드라마의 예고편과 같다고 생각하면 이해가 쉬운데, 프레젠테이션의 첫 부분인 이 개요를 어떻게 구성하느냐에 따라 청중을 사로잡을 수도 있고, 놓칠 수도 있다.

그렇다면 프레젠테이션의 개요 단계에서는 어떤 것을 말해야 하는 것일까? 프레젠테이션에 있어서 개요란 우리가 알고 있는 목차 부분을 말한다. 즉 '오늘 프레젠테이션은 OO 내용을 OO 순서로 설명하겠습니다.'라고 이야기하는 목차 부분이 이에 속한다.

그렇다면 여기에서 나올 법한 질문 하나. 목차는 PT를 시작할 때 단 한번만 등장하면 되는 것인지, 그리고 목차는 왜 필요한가이다.

먼저 프레젠테이션에서 목차를 보여준다는 것은 오늘 진행되는 프레젠테이션의 순서와 흐름을 알려주는 것이다.

이렇게 전체적인 방향을 알고 프레젠테이션을 들을 때와 모르고 들었을 때의 차이는 굉장히 크다. 진행 순서와 흐름을 알게 되면 청중들은 다음 행선지를 알고 가는 여행객처럼 편안한 마음으로 프레젠테이션에 집중할 수 있다.

그러나 만일 이러한 정확한 행선지를 알려주지 않고 프레젠테이션 여정을 떠나게 되면 여행객인 청중은 어떤 이야기가 나올지 계속적으로 신경을 곤두세우고 있어야 하며, 날카로워진 신경 때문에 오히려 프레젠터의 말에 더 집중하지 못하는 결과를 가져오기 쉽다.

이러한 이유로 프레젠테이션에 있어서 개요는 반드시 필요하며, 효과적으로 개요를 활용하려면 전체 PT에서 처음 한 번만 등장시킬 것이 아니라, 각 주제가 시작되는 단락마다 새롭게 다뤄주는 것이 좋다.

예를 들어 프레젠테이션의 첫 개요에서 "오늘 프레젠테이션은 회사 소개와 사업 개요, 사업 목표, 끝으로 사업 계획 순으로 말씀드리겠습니다."와 같이 큰 그림을 보여주고, 각각의 다른 챕터에서 "다음은 저희 회사의 운영 방안에 대해 말씀드리겠습니다.", "이 부분은 저희 회사의 업무플로어, 시스템, 그리고 특장점의 3부분으로 나눠 말씀드리겠습니다."와 같이 또 한 번 개요를 짚어주면 청중은 프레젠테이션 방향을 따라잡기가 수월하다.

이렇게 만들어진 큰 골자 안에서 각각의 챕터가 결정되며, 이 챕터에 맞게 슬라이드를 만들고 스토리라인을 잡으면 그것이 하나의 프레젠테이션 작품으로 완성된다.

매직 2단계는 이렇게 만들어진 개요의 세부사항을 이야기하는 단계이다. 우리는 보통 이 2단계를 본론이라 칭하는데, 매직 2단계는 매직 1단계에서 만들어 놓은 전체 아웃라인을 가지고 본격적으로 자세히 설명하는 단계이다.

이 본론 단계는 전체 프레젠테이션의 50%가 넘는 구체적인 내용을 다루는 단계인 만큼 이 단계에서 사용되는 프레젠테이션의 양에 따라 전체 프레젠테이션의 길이가 결정된다고 해도 과언이 아니다. 따라서 본론 단계에서는 반드시 프레젠테이션 시간을 염두에 두고 슬라이드 장수를 계획해야 하며, 핵심 내용만을 압축하는 축소 조정의 과정이 필요하다.

　프레젠테이션의 중심이 되는 본론에서 반드시 지켜져야 할 것 중 하나는 바로 중언부언을 피하는 것인데, 프레젠터의 중언부언은 했던 이야기를 계속 되풀이하는 술주정꾼의 말이나 진배없다.
　학창시절 매주 월요일마다 아침 조회 시간에 이어지던 교장선생님의 훈화를 생각해보라. 그 시간은 얼마나 지루하고 끔찍한 것이었던가. 프레젠테이션이라고 해서 그와 다를 것은 없다.
　내용이 중복되는 비슷한 이야기를 반복하게 된다면 청중을 학창시절의 아침 조회시간으로 끌어다 놓은 것과 무엇이 다르겠는가.

따라서 아무리 공들여 만든 페이지라고 하더라도 내용이 겹치고 중언 부언하는 느낌을 준다면 과감히 잘라버려라.

그렇다면 본론 단계에서는 어떤 내용들을 핵심적으로 다뤄야 하는 것일까? 본론에서 제시하는 내용들은 결론으로 이어져 우리가 상대에게 제안하는 그 무엇이 될 수 있다. 그렇기 때문에 본론에서는 그 결론 메시지에 해당되는 증거자료나 근거 제시가 뒷받침되어야 한다. 그냥 뜬구름 잡는 이야기가 아닌, 객관적 사실에 입각한 데이터 자료나 실제 사례들은 청중들에게 확신을 심어줄 수 있다.

특히 본론은 프레젠테이션에서 있어 스토리텔링이 가장 많이 필요한 부분으로, 이때 자신이 제시하는 것들에 대한 실제 일화나 사례를 담은 스토리를 전개해서 청중들의 마음을 사로잡아야 결론 부분에서 청중을 확실한 내 편으로 끌어올 수 있다.

따라서 본론에서는 청중의 입장에 서서 그들이 알아보기 쉽게 수치나 통계자료의 그래프 작업을 하거나, 장황하게 늘어놓은 텍스트를 눈에 잘 들어오는 깔끔한 도해로 바꾸는 작업을 해야 하며, 청중의 이해를 돕는 비주얼 자료를 충분히 준비하는 것이 좋다.

또한 이 단계에서는 슬라이드의 장과 장 사이를 부드럽게 이어주는 브릿지 멘트를 사용하는 것이 좋다.

브릿지 멘트가 없다고 해서 프레젠테이션에 큰 지장을 주는 것은 아니지만, 이것이 있고 없고의 차이는 프레젠테이션의 흐름을 매끄럽게 하느냐, 아니면 딱딱하고 무미건조하게 하느냐의 차이이다.

따라서 필자는 프레젠테이션의 앞뒤 내용을 부드럽게 만들어주는 브릿지 멘트를 사용할 것을 추천한다.

만일 이전 슬라이드에서 제품의 콘셉트를 다루었고, 다음 페이지에서 제품의 차별성에 대해 말할 차례라면 "지금까지는 저희 제품의 콘셉트에 대해 살펴보셨는데요. 다음은 저희 제품의 우수성과 타 회사 제품과의 차별성에 대해 말씀드리도록 하겠습니다." 와 같은 형식으로 말하면 된다.

또 현재의 문제점을 개선하기 위한 대안을 내놓는 타이밍이라면 "지금까지 이 시스템의 문제점에 대해 말씀드렸는데요. 이제는 이러한 문제를 해결할 수 있는 방안으로 어떤 것들이 있는지 한번 살펴보겠습니다."처럼 프레젠테이션의 흐름을 만들어주는 다양한 연결 멘트를 프레젠터는 항상 생각해 두어야 한다.

이것이 바로 청중을 편안한 프레젠테이션의 여정으로 안내하는 프레젠터의 능력과 역할이다.

이제 매직 3의 마지막 단계인 매직 3에 대해 살펴보자.

매직 3의 단계는 뉴스의 간추린 소식에 해당되는 요약 단계로 볼 수 있으며, 지금까지 본론에서 프레젠터가 이야기한 길고 복잡한 내용을 다시 한 번 압축해서 간단하게 정리해주는 단계가 바로 이 세 번째 단계이다.

그런데 간혹 "가뜩이나 시간이 부족한 프레젠테이션에서 요약이 꼭 필요한 건가요?"라고 묻는 사람들이 종종 있다.

그러나 요약의 단계는 프레젠테이션에 있어 시간을 빼앗아가는 불필요한 단계가 아니라, 뉴스의 간추린 소식처럼 좀 더 확실하게 이 날의 프레젠테이션 내용을 기억하게 만들어주는 정리정돈의 단계이다.

프레젠테이션이 진행되는 동안 청중이 아무리 집중을 하고 프레젠테이션을 들었다 하더라도 어느 한 부분은 반드시 놓치기 마련이다.

성인의 최대 주의력 집중시간이 18분이 넘지 않는다는 사실을 모르는 사람들이 의외로 많은데, '톰소여의 모험'을 쓴 미국 작가 마크 트웨인은 "설교가 20분을 넘어가면 죄인도 구원받기를 포기해 버린다."는 말을 했다. 이처럼 사람의 집중력에는 시간적인 한계가 있다. 그렇기 때문에 청중은 프레젠테이션이 진행되는 동안 100% 집중할 수 없다. 따라서 본론에서 했던 이야기를 청중이 다 기억할 것이라고 기대해서는 안 되며, 매직 3의 단계에서 본론의 핵심을 짧게 요약해야 한다.

그러나 재요약 단계에서 주의해야 할 것은 크고 중요한 핵심을 부분적으로 짚어주는 정도로 끝내야 한다는 것으로, 다시금 그 부분을 통으로 들춰내어 프레젠테이션이 길어진다거나, 갑자기 새로운 내용을 추가해서 청중들에게 혼란을 주어서는 안 된다.

가장 좋은 요약법은 "지금까지 말씀드린 사항들을 요약해 보면 크게 2가지를 들 수 있습니다. 첫째~, 둘째~"와 같이 핵심사항 위주의 간결하고 명확한 요약이어야 하며, 청중은 이 요약 과정을 통해 프레젠터가 이야기한 핵심 포인트가 무엇이었는가를 다시 한 번 인식하게 되고, 의사결정에 도움을 받는다.

프레젠테이션의 매직 3단계를 쉽게 풀어보면 다음과 같다.

오프닝으로 문을 열고 오늘 이야기할 전체 주제 또는 목적을 이야기한 다음, 이것과 관련해서 어떤 것들을 이야기할 것인가에 대한 큰 그림인 개요를 언급한 뒤, 그 개요에 해당하는 본론 1, 2, 3을 이야기하고, 이 단계가 끝나면 지금까지 설명한 내용을 요약, 압축한 요약 1, 2, 3을, 그리고 마지막으로 마무리에 해당되는 클로징을 하면 된다.

이렇게 서론, 본론, 결론 또는 아웃라인-디테일-서머리 과정으로 이루어진 매직 3의 구조를 프레젠테이션에서 사용하면 청중이 알아듣기 쉽고 이해하기 쉬운 프레젠테이션을 할 수 있다.

표정과 동작으로 오프닝 3분 안에 청중을 사로잡아라!

"첫 스타트가 승부를 결정한다."라는 말은 세계에서 가장 빠른 사나이로 알려진 자메이카 육상선수 우사인 볼트의 명언으로, 경기의 승패를 결정짓는 시작의 중요성을 경고한 말이지만, 이것이 비단 스포츠에만 해당되는 이야기는 아니다.

우리가 한 권의 책을 고를 때 그 책이 재밌는지 아닌지를 평가하는 기준은 고작 책의 앞부분 몇 페이지이다.

영화도 마찬가지로, 영화가 시작된 지 채 5분이 지나기도 전에 관객들은 그 영화를 놓고 '이 영화 뭐 보나마나 뻔하네.'라며 실망하기도 하고, 반대로 '이야, 이거 흥미진진한데!'라며 기대감에 부풀기도 한다. 책이나 영화를 예로 들었지만 그것이 어떤 것이든 일반 대중의 기대는 초반에 집중되어 있다.

프레젠테이션의 청중들 또한 예외는 아니다. 그들 또한 자신들의 가려운 곳을 긁어주는 새롭고 신선한 주제를 기대하기 마련이다.

청중들은 오랫동안 형식적이고 상투적인 오프닝에 길들여져 있었기 때문에 새로운 프레젠테이션에 참석할 때 두 가지의 생각을 갖게 된다. 그 중 하나는 '오늘도 역시 그저 그런 오프닝이겠지?'라는 생각이며, 또 하나는 '이번에는 좀 다르겠지?'라는 특별한 기대심리다.

이런 청중의 심리를 제대로 파악하는 것이 바로 프레젠터의 몫이며, 발표자는 새롭고 신선한 주제를 발표하는 프레젠터가 되어 청중의 예상과 짐작을 뛰어넘는 오프닝으로 청중을 압도해야 한다.

그러나 아직까지도 많은 프레젠터들이 별 흥미를 끌지 못하는 고리타분한 오프닝으로 청중들의 기대에 부응하지 못하고 있다.

그렇다면 이제 필자가 프레젠테이션 스킬을 코칭하기 위해 만난 몇몇 기업의 교육 이전 스크립트 내용 일부를 한번 살펴보자.

"안녕하십니까, 지금부터 프레젠테이션을 시작하도록 하겠습니다. 먼저 차례입니다. 오늘 프레젠테이션은 시장 분석, 다음 종합 분석, 목표, 그리고 전략안의 순서로 말씀드리겠습니다."

어떠한가? 매우 기대되고 흥미로운 오프닝이라 생각되는가?

이렇게 딱딱한 프레젠터와 첫 만남을 가진 청중들은 이날의 프레젠테이션을 다 들어보기도 전에 '오늘 이야기는 지루하겠군.' 하며 미리 판단을 내리게 된다. 그리고 아쉽게도 프레젠테이션 초반에 내린 이 판단은 쉽게 바뀌지 않는다.

프레젠테이션의 오프닝은 청중들이 마음을 열고 프레젠테이션을 받아들일 준비가 되도록 하는 시간이다. 어떤 이야기가 진행될지에 대해 촉각을 곤두세우고 있는 청중에게도 들을 준비가 필요하기 때문이다.

만일 청중과 발표자의 거리를 좁혀주는 이 준비 단계 없이 바로 본론으로 들어간다고 가정해 보자. 이보다 더 무미건조하고 재미없는 이야기가 어디 있겠는가? 단언컨대 그런 이야기를 흥미진진하게 들어 줄 청중은 없다. 따라서 청중의 집중을 도와 줄 오프닝 스킬은 반드시 필요하다.

단 이 오프닝 스킬은 초반 3분 안에 이뤄져야 하며, 3이라는 숫자는 첫인상을 결정짓는 데 걸리는 3분이란 시간과 동일하다.

그 사람의 인상착의를 보고 어떠할 것이라고 결정하는 데는 단 3초만이 소요되지만, 그 사람의 전체적인 면을 보고 평가하는 데는 3분이란 시간이 걸린다고 한다. 이는 외모뿐만 아니라, 목소리, 말투, 말의 내용, 자세, 표정 모두를 살펴서 종합적인 판단을 내려야 하기 때문이다.

따라서 청중이 발표자인 당신의 이야기에 집중하기를 원한다면 처음 3분 동안 청중의 호감을 이끌어내야 한다. 그러면 청중은 그 이후로 자연스레 당신의 이야기에 관심을 갖고 귀를 기울이게 될 것이다.

그렇다면 처음 3분을 장악하는 효과적인 방법으로는 어떤 것들이 있

을까?

　우선 시각적인 부분을 무시할 수 없다. 청중은 발표자를 머리부터 발끝까지 스캔하는데 채 3분도 걸리지 않는다. 빠른 시간 안에 발표자의 헤어스타일과 용모, 복장, 표정, 자세 등을 날카로운 눈으로 살펴보는 것이다.

　중요한 것은 이와 같이 성능이 뛰어난 스캐너에 어느 것 하나라도 흠을 잡히지 않아야 일단 순조로운 출발을 할 수 있다.

　그렇다면 흠 잡힐 데 없는 프레젠터의 올바른 자세를 논하기 전에 프레젠터가 피해야 할 태도에 대해 먼저 알아보자.

　프레젠터는 다음과 같은 태도를 습관적으로 하고 있지는 않은지 점검

해보고, 실전에서 이와 같은 행동을 하지 않도록 항상 주의해야 한다.

1. 숫자를 손가락으로 세는 자세는 피해야 한다. 멀리 있는 청중에게는 자세히 보이지 않을 뿐 아니라 자칫 욕처럼 보일 수 있다.

2. 확실하지 않은 손 제스처를 피한다. 성의가 없어 보이거나 무례하게 보일 수 있다. 제스처를 구체적으로 표현할수록 전달하고자 하는 메시지가 분명해진다.

3. 손을 어깨 위로 올리는 자세는 좋지 않다. 제스처는 허리벨트라인 위에서 어깨까지의 범위 안에서 사용하는 것이 효과적이다.

4. 팔을 괴거나 짝다리 자세는 피한다. 권위적으로 보이거나 기민하게 비춰질 수 있다.

5. 팔짱 낀 자세는 좋지 않다. 팔짱을 끼면 청중을 얕잡아 보거나 깔보는 듯한 인상을 준다.

6. 나약한 태도를 보이지 않아야 한다. 나약한 태도는 의기소침해 보이거나 자신 없는 인상을 주어 청중에게 불신감을 준다.

7. 스크린을 등지고 서면 안 된다. 이 자세는 청중의 시야를 가리게 되

어 답답한 인상을 준다.

8. 스크린을 직접 만져서는 안 된다. 스크린 위에 손을 대어 무언가를 가리키게 되면 프로답지 못한 인상을 심어 줄 수 있다.

9. 두 손을 앞으로 공손히 모으는 자세를 피해야 한다. 이와 같은 자세는 치부를 가리는 듯한 인상을 주어 소심해 보이거나 미숙한 느낌을 준다.

10. 뒷짐 지는 자세는 좋지 않다. 뒷짐은 방관하는 듯한 인상을 주어 무신경해 보이거나 오만해 보일 수 있다.

11. 주머니에 한쪽 손을 넣지 않아야 한다. 주머니에 손을 넣는 태도는 냉소적으로 보이거나 자만심으로 비춰질 수 있다.

12. 단상에 기대지 않아야 한다. 이 자세는 무성의해 보이거나 가벼워 보인다.

프레젠터는 먼저 청중 앞에서 자신감이 드러나는 편안하고 당당한 자세를 취해야 한다. 어깨는 움츠리지 말고 당당하게 펴며, 두 손은 제스처나 포인터를 취하기 좋은 가슴 쪽 기본 위치에 두어라.
다리는 곧게 뻗어 어깨 넓이로 벌리고 가슴과 등을 편안하게 펴진 상태로 만들어라. 시선은 청중들에게 두고, 표정은 경직되지 않도록 부드럽게 해서 자연스러운 표정 상태로 만들어야 한다.

지금까지 오프닝 단계에서 청중에게 호감을 살 수 있는 프레젠터가 갖춰야 할 태도에 대해 살펴봤다면 다음은 청중의 관심을 살 만한 오프닝 스피치 스킬을 살펴보도록 하자.

효과적으로 오프닝을 장식하기 위해서는 다음과 같은 방법이 필요하다.

첫째, 해당 프레젠테이션의 주제와 관련된 권위 있는 사람의 말을 인용한다.
"우리가 문제를 일으켰을 때 가졌던 생각과 같은 생각으로는 그 문제를 해결할 수 없다고 아인슈타인은 말했습니다. 지금이 바로 그 생각의 전환점이 필요한 시기입니다. 그동안 해왔던 방법으로는 좋은 실적을 거둘 수 없습니다."

둘째, 주제와 연결되는 질문으로 시작한다.
그 주제가 사인 디자인에 관한 제안이라고 가정했을 때, "오늘 이곳에 계신 여러분은 이곳에 올 때까지 몇 개의 사인 디자인이 눈에 들어오셨나요? 아마 잘 기억하지 못 하실 겁니다. 그것은 말 그대로 단순 사인을 위한 사인 디자인이었기 때문이죠. 우리가 생활하는 공간에서 무의식적으로 인지하는 사인 디자인에는 시각적 요소만이 아닌 감성을 자극하는 특별함이 있어야 합니다."

그 주제가 법원 건축 디자인 제안이라고 가정했을 때, "여러분은 법원하면 어떤 이미지가 떠오르시나요? 아마도 여러분이 그동안 생각하셨던 법원은 차갑고 딱딱해서 사람들에게 거리감을 주는 장소였을 겁니다. 그러나 더 이상 법원은 사람들에게 어려운 장소가 아닌 따뜻한 손길을 건네는 친근한 존재가 되어야 합니다."

셋째, 요즘 이슈나 기사화된 이야기로 시작한다.
"오늘 아침 신문에 아내 몰래 주식투자하는 남편, 아내가 간섭하면 수익률이 오른다는 재미난 기사가 있더군요. 아직도 주식투자가 주는 손해의 위험 때문에 아내 몰래 숨어서 하는 주식 투자를 하는 사람들이 많은가 봅니다. 이제는 당당하게 재테크 하십시오. 제가 확실한 수익상품을 소개해 드리겠습니다."

넷째, 유머를 활용하라.
"얼마 전 소개팅에서 상대 여성분이 제게 이런 말을 하더군요. '어머 저는 다른 분이 나오신 줄 알았어요.', 아마도 스마트폰으로 찍은 제 프로필 사진이 너무 잘 나왔나 봅니다. 여러분도 조심하십시오. 저희가 새롭게 출시한 이 스마트폰의 카메라 화질은 DSLR보다도 좋습니다."

다섯째, 수치를 들어 집중시켜라.

"건강보험공단의 발표에 따르면 흡연자가 비흡연자보다 폐암발병률이 6.5배가량 높다고 합니다. 이래도 흡연을 계속 고집하시겠습니까? 오늘은 효과적인 금연방법에 대해 알려드리겠습니다."

여섯째, 경험담이나 사례를 들어라.

"여행을 다닐 때마다 항상 생각하게 되는 것 중 하나가 누가 나를 대신해서 호텔 예약을 알아서 해주면 좋겠다는 생각인데요. 그만큼 시간이 많이 들고 수고스러운 일이 호텔 예약이 아닌가 합니다. 그래서 저희는 맡기기만 하면 한자리에서 알아서 해결해주는 원스톱 서비스 시스템을 만들었습니다."

일곱째, 흥미로운 비주얼로 시선을 집중시켜라.

"빨간색하면 무엇이 떠오르세요? 열정, 따뜻함, 위험, 금지? 그렇다면 이 초록색은요. 편안함과 평화가 떠오르시나요? 이슬람 문화권에서는 이 녹색이 풍요로움과 신앙을 뜻하는 색입니다. 그들 종교의 신인 무함마드를 상징하는 빛깔이거든요. 그러나 이슬람 세계의 위협에 맞서야 했던 유럽 세계는 '초록색'에 대해 부정적인 인식을 갖고 있습니다. 따라서 유럽에서는 괴수나 사악한 용과 같은 부정적인 이미지의 동물들을 초록색으로 표현하고 있죠. 이렇게 하나의 색을 두고 두 나라가 상반된 입장을 띠듯, 각 나라마다 각기 다른 문화를 갖고 있습니다. 따라서 우리가 해외에서 사업을 성공시키기 위해서는 그 나라의 문화와 시대적 배경을 잘 알아야 비즈니스에서 성공할 수 있습니다. 그래서 오늘 이 시간에는 국제적으로 통용되는 비즈니스 매너에 대해 살펴보겠습니다."

지금까지 살펴봤듯이 이렇게 다양한 방법으로 프레젠테이션 오프닝을 잘 살려야 프레젠테이션 전체의 흐름이 매끄럽게 진행된다는 사실을 기억하자.

성공적인 오프닝은 청중들이 이 프레젠테이션에서 무언가 얻을 것이 있다고 여기고, 새로운 기대감을 갖도록 해야 한다. 기대감이 생기지 않으면 청중은 프레젠테이션에 완전히 집중하지 않는다.

따라서 성공적인 오프닝 스킬을 습득하려면 평소 신문기사나 뉴스, 이슈화되는 이야기들을 스크랩하는 습관을 들여야 한다. 또한 가벼운 유머도 그냥 넘기지 않고 적시적소에 활용할 수 있도록 메모하는 습관을 가져야 한다.

앞으로 청중을 장악할 만한 프레젠테이션 오프닝을 만드는 데 많은 고민과 시간을 할애하길 바란다.

원고 없는 프레젠테이션은
존재하지 않는다

프레젠테이션 스킬을 교육하다 보면 많은 교육생들이 하는 질문 중의 하나가 프레젠테이션 원고를 꼭 따로 만들어야 되느냐는 질문이다.

그냥 슬라이드를 원고삼아 할 말을 하면 되지, 굳이 번거롭게 PT장표와 별도로 원고를 만들 필요가 있느냐는 것이다.

그러나 프레젠테이션 원고는 현장에서 그대로 보고 읽기 위한 용도로 만드는 것이 아니며, 성공적인 PT 발표를 위한 준비단계에서 필요한 것이다.

프레젠테이션 원고는 리허설과 같이 프레젠테이션을 준비하고 검토하는 과정에서 많은 도움을 준다.

프레젠테이션 원고의 가장 큰 이점은 우선 발표자가 해야 할 말을 체계적으로 정리할 수 있다는 점이다. 체계적인 내용 정리는 프레젠테이션의 전체 내용을 정확하게 숙지하고 매끄럽게 다듬는 데 큰 도움을 주며, 이는 실전 PT에서 엉뚱한 방향으로 이야기가 탈선하는 것을 막아주고, 횡설수설하는 상황을 미연에 방지해주기도 한다.

두 번째의 이점은 프레젠테이션 원고 작성은 정해진 시간 안에 프레젠테이션을 마칠 수 있도록 하는 시간 조절에 효과적이라는 것이다.

리허설 때에는 잘 나가다가 막상 실전 PT를 시작하면 이야기가 계속 늘어나 실제로 주어진 시간 안에 PT를 끝내지 못하는 발표자들이 더러 있다.

만일 장표마다 주어진 멘트가 있어 그 멘트대로 장표를 진행하는 연습을 했다면 프레젠테이션의 생명과도 같은 시간을 엄수하지 못하는 일은 없었을 것이다. 이렇듯 현장에서 벌어질지도 모를 부족한 시간이나 남는 시간에 대비하기 위해서는 프레젠테이션 원고를 만들어 내용을 잘라 내거나 붙여 넣는 연습을 미리 해놓아야 한다.

프레젠테이션의 매끄러운 진행을 위해서 원고는 반드시 필요하므로 앞서 내게 이의를 제기했던 몇몇 사람들처럼 프레젠테이션 원고 작성을 번거롭고 귀찮은 일로 여기지 않길 바란다.

그러면 지금부터 프레젠테이션 원고를 효과적으로 작성하는 방법에 대해 살펴보자.

프레젠테이션 원고를 만들 때 PT 장표를 먼저 만들고 그 장표에 맞춰

할 말을 끼워 넣으려고 하면 원고 작성이 더 힘들어지고 이중으로 일을 하게 되는 느낌이 든다.

따라서 PT 장표를 만들기 전에 가장 먼저 해야 할 일은 첫째, 프레젠테이션 전체를 스케치할 때 내가 이 프레젠테이션에서 무슨 말을 해야 할지에 대한 대략적인 키워드와 간단한 문장들을 적어 넣는 일이다.

둘째, 그 글대로 장표를 만들어 스토리라인을 만들어야 한다.

셋째, PT 장표가 완성되면 처음 작성한 원고에 살을 붙여 완벽한 프레젠테이션 스피치를 완성한다.

기억하자! 프레젠테이션의 스토리라인을 잘 세우기 위해서는 그림에 글을 입히지 말고 글에 그림을 입혀야 한다는 것을.

그렇게 해야지만 장표마다 뚝뚝 끊어지지 않고 자연스럽게 스토리라인이 전개되어 매끄러운 스피치를 할 수 있게 된다.

또 원고를 작성할 때에는 딱딱한 문어체가 아닌 말하는 방식의 구어체로 작성해야 한다.

책이나 뉴스 기사와 같이 딱딱하게 작성된 문어체로 이야기할 경우 지나치게 격식을 차린 것처럼 보이고, 자칫하면 무거운 분위기를 연출할 수 있기 때문에 문어체는 가능한 한 피하는 것이 좋다.

또한 원고 작성 시에는 문장의 길이에도 특별히 신경을 써야 한다. 이것은 문장의 길이가 짧고 긴 정도에 따라 청중이 받아들이는 이해의 폭이 달라지기 때문이다. 만일 청중들이 처음 접하는 생소한 내용이 주가 되는 프레젠테이션이라면 청중이 이해하고 기억하기 쉽게 짧고 간결한 문장으로 만드는 것이 좋다.

청중이 느끼기에 이해하기 쉽고 간결하다고 여기는 문장의 길이는 하나의 문장 안에 사용되는 단어의 숫자가 최대 10단어를 넘지 않는 것이다. 문장을 이처럼 짧은 구조로 만들기 위해서는 말을 시작하고 나서 마침표를 최대한 빨리 찍는 방법을 써야 하는데, 이것은 마침표를 찍지 않은 상태에서 계속 쉼표들로 이야기를 연결하게 되면 문장이 자동적으로 길어지고 복잡해지기 때문이다.

다음 문장을 한번 살펴보자.

"두 번째는, 4명의 직원에 대한 휴가나 연차 등이 발생할 수밖에 없는 상황인데, 이로 인한 피해가 출장자에게 전해지지 않도록, 대체 인원을 마련하겠습니다."

얼핏 보면 별로 길게 느껴지지 않는 문장이지만, 실제로 이 문장은 단어의 수가 무려 16개나 되는 긴 문장으로, 이 정도의 문장은 청중에게 복잡하게 들릴 수 있다.

위의 문장을 청중들이 듣기 쉬운 단문으로 바꿔본다면 이렇게 바꿀 수 있을 것이다.

"두 번째는 대체 인원 마련입니다. 지금은 4명의 직원 휴가나 연차가 발생할 수밖에 없는 상황입니다. 따라서 이로 인해 출장자들에게 피해가 가지 않도록 대체 인원을 마련하겠습니다."

수정된 문장들은 각각 5단어와 8단어, 그리고 10단어로 구성된 짧은 문장 구조이다. 이처럼 프레젠테이션 원고를 만들 때 문장 구조를 10단어 이내로 만들어서 단순화시키면 훨씬 더 간결하고 깔끔한 형태의 스피치가 된다.

마지막으로 프레젠테이션 원고 작성의 남은 과제는 이렇게 심혈을 기울여 만든 원고를 발표자가 청중에게 제대로 전달할 수 있도록 하는 셋팅 과정이다.

먼저 슬라이드 노트에 원고를 넣을 때 체크해야 할 것은 넘어가는 비주얼과 연결 멘트가 어색해지지 않도록 내가 이야기할 부분의 비주얼이 어디서 바뀌는지 따로 표시를 해두어야 한다는 것이다.

개인적으로 필자는 '〉〉' 표시를 사용해서 비주얼이 바뀔 타이밍을 다음과 같이 표시한다.

"지금까지 첫 시작의 효과적인 방법들에 대해 살펴봤다면 이제는 본격적으로 청중을 설득시키기 위한 내용에 관해 살펴보겠습니다."
〉〉"휴가를 떠날 때 각 일정별로 어떻게 보낼 것인지 대략적인 계획을 짜고 나면 더욱 알찬 시간을 보낼 수 있겠죠?"

또 띄어 읽는 부분이나 강조해야 할 부분을 색깔 펜으로 표시해 두었다가 연습할 때 이 부분을 반드시 지키도록 한다.

다음으로 슬라이드 상에도 청중은 모르고 나만 알 수 있는 스피치 원고를 만들어 넣어두자.

PT 당일 발표자가 원고를 대본처럼 들고 읽을 수는 없다. 프레젠테이션 규칙에 대본을 들고 읽지 말라는 규정은 없지만, 발표자가 대본을 그대로 들고 PT를 하는 것만큼 무능력해 보이는 것은 없다. 따라서 발표자는 PT 장표만 보고도 원고를 읽어나가듯 막힘없는 발표를 해야 한다. 그러려면 슬라이드 상에 발표자가 강조해야 할 부분은 색을 다르게 해서 표시를 해두거나 글씨 크기를 다르게 하는 등의 방법으로 구분을 한다면 잊지 않고 그것을 언급한 후에 넘어갈 수 있다.

또한 중요한 사안들은 발표자가 한 번 더 언급하고 넘어갈 수 있도록 예능프로그램의 CG와 같이 슬라이드 상에 자막처럼 띄워두는 것도 좋은 방법이다. 이처럼 슬라이드 상에 발표자만이 아는 원고를 셋팅해 두면 PT장표를 원고 삼아 말할 수 있다는 심리적 안정감이 생겨 여유 있는 스피치를 할 수 있다.

감성을 터치해서 감동을
주는 클로징 기법

필자는 드라마를 굉장히 좋아한다. 친구들과 신나는 한 때를 보내느라 정신이 없던 대학 1년 시절, 내가 꿈꾸던 아나운서에 관한 이야기를 다룬 '이브의 경고'라는 미니시리즈를 하는 날 밤 10시만 되면 그 어떤 유혹도 마다하고 TV 앞에 앉아 본방을 사수했다.

당시만 해도 지금과 같은 VOD 시스템이 없었던 터라 본방을 놓치면 다시보기가 어려웠기 때문에 나의 드라마 사랑은 그렇게 열성적이었다.

이렇게 필자와 같이 드라마 혹은 영화에 빠져 있는 사람들은 공통점이 있다. 그것은 작품의 엔딩이 어떻게 될까 초반부터 무척 궁금해 한다는 점이다. 그 드라마가 종영되려면 아직도 앞길이 구만리이지만 결말은 늘 궁금하다.

그래서 인터넷 포털 사이트에 어떤 드라마의 제목을 치면 연관 검색어로 반드시 뜨는 것이 'OO드라마 엔딩, OOO 결말'이다.

재미있는 드라마는 이처럼 전체 엔딩은 물론이고, 그날그날의 드라마 엔딩이 어떨지 손에 땀을 쥐며 보게 되고, 그 드라마가 끝나는 시간이 다 가올수록 초조하고 아쉽기까지 하다.

그러나 이렇게 보는 내내 시청자를 들었다 놨다 하며 애간장을 녹이던 드라마가, 가장 중요한 오늘의 하이라이트 결말 부분에서 말도 안 되게 끝나거나, 무얼 의미하는지 확실하게 알려주지 않은 채로 흐지부지 끝이 나면 그때부터는 화가 나게 되고, 여태껏 집중해서 보았던 시간이 아깝기까지 하다.

아마 드라마 홀릭들은 필자의 말이 무슨 뜻인지, 그것이 어떤 느낌인지 충분히 공감할 것이다.

프레젠테이션 이야기 도중에 뜬금없이 무슨 드라마 타령인지 황당하다면 지금까지 진행됐던 이야기가 드라마가 아닌 프레젠테이션 상황이라고 생각해보자.

시작과 동시에 발표자의 이야기에 내내 관심을 갖고 집중해서 들었던 프레젠테이션이, 초반 기대와는 다르게 끝으로 갈수록 맥이 풀린 채 흐지부지 끝나버리거나 무엇을 말하는지도 모를 정도로 허겁지겁 끝나버린다면 청중들이 느끼는 허탈감과 허무함은 이루 말할 수 없을 것이다.

감명 깊게 봤던 드라마나 영화, 책을 한번 떠올려보자. 그 작품들을 떠올렸을 때 가장 인상적이었던 장면이 첫 장면인가 마지막 장면인가?

사람들은 확률적으로 첫 장면보다 마지막 장면을 더 오래도록 기억한다. 이것은 기억을 담당하는 장치가 가장 최근 것부터 기억해내려고 하기 때문이다. 프레젠테이션도 이와 다르지 않다.

발표자가 프레젠테이션 시작 당시에 했던 이야기보다 프레젠테이션이 끝나갈 때 이야기한 것들이 청중들에게는 더 오래도록 기억된다. 따라서 나의 프레젠테이션이 괜찮은 프레젠테이션으로 기억되기를 바란다면, 또 프레젠테이션이 끝난 후에 청중들로부터 좋은 평가를 받고 싶다면 프레젠테이션 클로징에서 무엇을 말하고, 어떤 것을 보여줄 것인가에 대해 각별한 신경을 써야 한다.

작가들이 작품의 엔딩 부분에서 더 깊은 고민을 하고 여러 번 결말을 바꿔보는 것처럼, 프레젠터도 자기 작품의 클로징을 어떻게 장식할 것인가를 다양한 각도로 생각하고 고민해야 좋은 클로징을 만들 수 있다.

더 이상 "지금까지 부족한 저의 이야기를 들어주셔서 감사합니다."와 같은 식상한 멘트를 해서 청중들을 실망시키지는 말자.

특히 프레젠테이션에서 '부족하다느니, 준비를 못했다느니' 하는 자신을 낮추는 겸손이나 솔직한 인사말은 미덕이 아니다.

이러한 태도는 오히려 프레젠터의 신뢰감을 떨어뜨리고 자신감이 결여된 행동으로 비춰진다. 때문에 불필요하게 자신을 낮추는 언어를 쓰거

나 자신을 낮추는 행동은 절대로 하지 말자. 프레젠터의 생명은 당당함과 자신감에 있다.

그렇다면 프레젠테이션의 마무리 단계인 클로징을 어떻게 장식해야 청중들에게 만족스러운 엔딩을 안겨주게 될까?

효과적인 클로징은 첫째, 감동을 주어야 한다.

드라마의 엔딩을 생각해보라. 시청자들은 딱딱하고 건조한 엔딩보다는 해피엔딩과 같은 행복한 결말을 원하지 않는가?

프레젠테이션도 마찬가지다. 오프닝 단계에서 청중에게 기대감을 주고, 본론에서 청중이 원하는 방향으로 제안을 했다면, 클로징 단계에서는 자신이 원하는 방향으로 청중이 넘어올 수 있도록 청중의 마음을 사로잡는 감동을 선사해야 한다.

감동은 머리가 아닌 마음으로 전달된다. 이 말은 곧 상대에게 감동을 주는 것은 이성이 아닌 감성이라는 것을 뜻한다. 청중의 감성을 터치할 수 있는 것은 감동적인 글귀가 될 수도 있고, 오프닝 스킬에서처럼 유명 인사의 어록이 될 수도 있다. 혹은 감동을 주는 짧은 영상이라든가 사진 등의 비주얼적인 요소를 활용할 수도 있다. 그러나 가장 좋은 클로징은 오프닝 멘트에서 사용했던 이야기와 연계해서 말하거나, 주제와 연관되는 클로징 멘트로 사람들의 마음을 설득하는 것이다.

예를 들어 앞에서 다룬 오프닝 멘트에서처럼 "우리가 생활하는 공간에서 무의식적으로 인지하는 사인 디자인, 시각적 요소만이 아닌 감성을 자극하는 특별함이 있어야 합니다."라고 오프닝을 시작했다면, 클로징은 다음과 같이 만들어 볼 수 있을 것이다.

"제가 프레젠테이션 오프닝에서 '사인 디자인은 특별함이 있어야 한다'는 말씀을 드렸었는데요. 프레젠테이션이 끝나는 지금 그 특별함이 무엇인지 찾으셨습니까? 사인 디자인에 대한 기본 원칙은 건물과의 환경적인 조화라고 할 수 있겠습니다. 단순히 방향과 이름을 표시하는 차원을 넘어 건물과의 조화와 균형을 이룬 감성미를 더한 디자인으로 완성되는 것, 그것이 바로 사인 디자인이 주는 특별함이죠. 저희 회사는 항상 그 특별함을 찾아 최선을 다하고 있습니다. 기억해 주십시오."

이렇게 프레젠테이션의 오프닝과 연계한 이야기로 클로징을 하게 되면 청중이 놓치고 있었던 프레젠테이션 초반을 다시 한 번 되짚어줌과 동시에 프레젠테이션의 결론이 명쾌하게 정리되는 일석이조의 효과를 얻을 수 있다.

효과적인 클로징의 두 번째 기법은 엔딩 멘트를 짧고 굵게 하라는 것이다.
프레젠테이션이 끝으로 치달을수록 청중 역시 서서히 긴장을 풀고 마무리할 준비를 한다. 앞서 언급했듯이 프레젠테이션 시작 시에 청중도 들을 준비를 하는 것처럼, 끝날 때에도 마무리할 준비를 한다. 이 준비는 프레젠테이션이 끝나면 서둘러 돌아갈 채비를 한다는 것이 아니다. 프레젠테이션 내내 곤두세우고 있던 신경을 서서히 내려놓고 편안한 마음 상태로 돌아간다는 것을 말한다.

만약 엔딩 멘트가 길어진다면 청중은 다시금 불안해지게 되고, 발표자의 이야기에 더 이상 집중하지 못한 채 언제 끝날 것인가에 대한 생각으로 촉각을 곤두세우게 된다.
따라서 장황한 클로징은 아무리 그 내용이 좋다고 하더라도 결과적으로 청중의 마음을 불편하게 하는 결과를 불러올 수 있기 때문에 프레젠테이션의 클로징은 짧고 임팩트 있게 마무리해야 한다.
이렇게 클로징을 진행하는 데 있어 한 가지 중요한 사실은 글귀나 어록 질문, 영상이나 비주얼 그 어떤 것이 됐든 반드시 클로징에 해당되는 PT장표가 구성되어야 한다는 점이다.

감동적인 이야기는 귀로만 전해 들었을 때보다 눈과 귀를 동시에 만족시켰을 때 그 효과가 배가 된다.
따라서 청중들의 눈과 귀 모든 부분에 감성으로 호소해서 청중들의 마음을 사로잡자.

눈빛과 손짓으로 말하는
프레젠테이션 스킬

발표자가 자신의 이야기를 좀 더 효과적으로 전달하기 위해서는 손짓과 눈빛이 그 이야기의 보조 역할을 해야 한다. 이것은 프레젠테이션뿐만 아니라, 커뮤니케이션이 이루어지는 모든 과정에 반드시 필요하다.

눈맞춤과 손짓을 이야기 안에 담으면 발표자 본인도 확신에 차서 이야기를 전달할 수 있으며, 청중의 집중도 역시 높아지게 된다.

따라서 프레젠테이션에 있어 눈빛과 몸짓으로 자신의 의사를 전달하는 스킬은 반드시 훈련되어야 하는 중요한 부분이다.

생각해 보면 손짓과 눈맞춤은 우리가 일상에서 이야기할 때에는 별 다른 신경을 쓰지 않아도 자연스럽게 이루어지는 행위들이다.

반면 프레젠테이션이 시작되면 우리의 손은 무척 부자연스러워지고 시선 처리가 어려워 눈빛이 불안해진다. 그 이유는 첫째, 발표자의 머릿속이 온통 오늘 전달해야 할 내용들로 가득 차 있어 신체의 다른 기관들이 제 역할을 하지 못하기 때문이고, 둘째는 손짓 표현과 눈맞춤에 익숙하지 않기 때문에 어떻게 표현해야 할지를 모르기 때문이다. 그러나 다행인 것은 이것은 모두 훈련을 통해 충분히 익힐 수 있다. 지금부터 그 스킬을 배워 그대로 트레이닝하기만 하면 된다.

그럼 먼저 눈빛으로 청중을 사로잡는 아이컨택에 대해 살펴보자.
프레젠테이션에 있어 청중과의 아이컨택은 다음과 같은 4가지의 이유 때문에 반드시 필요하다.

첫째, 아이컨택은 발표자와 청중의 연결고리이다.
프레젠테이션이 진행되는 동안 발표자의 시선이 청중을 향해 있지 않으면 발표자와 청중 사이에 원활한 소통이 이루어질 수 없다.
눈맞춤은 발표자와 청중을 하나로 이어주는 끈과 같으며, 눈은 제 2의 입이 된다. 때로는 발표자와 청중의 제대로 된 눈맞춤 한번이 열 마디 말보다 더 효과적일 수 있다.

둘째, 아이컨택은 청중의 피드백을 읽을 수 있는 도구이다.
프레젠테이션이 진행되는 동안 발표자가 민감하게 살펴보아야 할 부분이 바로 청중들의 반응이다. 지금 내가 발표하는 내용에 대해서 청중이 어떻게 반응하고 있는가를 알 수 있는 가장 쉬운 방법은 청중의 눈을 통해 그들의 피드백을 느끼는 것이다.

만일 이야기를 전해 듣는 청중의 피드백이 지루하거나 관심 없어 보인다면 이 부분은 빠르게 Skip하고, 이해가 잘 안 되거나 의문을 갖는 반응을 보일 때에는 정확하게 한 번 더 짚어주는 등 청중의 반응에 따라 지혜롭게 대처하는 것이 필요하다.

즉 아이컨택은 발표자가 센스를 발휘할 수 있도록 하는 장치인 것이다.

셋째, 아이컨택은 자신감과 신뢰의 상징이다.

'발표자의 청중에 대한 주시율과 인물 평가 관계'라는 연구에 의하면 발표자의 청중에 대한 주시율이 말 전체의 15% 이하일 경우에는 냉정하고 미숙하다는 인상을 심어주고, 반대로 80% 이상일 경우에는 자신감 있어 보이고 능숙한 인상을 준다고 한다.

즉 같은 내용을 전달하더라도 청중과 눈을 맞추느냐 맞추지 않느냐에 따라 청중에게 전혀 다른 평가를 받게 되는 것이다.

따라서 확신에 찬 모습을 청중에게 보이길 원한다면 청중과의 아이컨택을 피하지 마라.

넷째, 청중은 주목받고 싶어 한다.

학창시절 수업시간을 떠올려보라. 공부를 포기하고 수업에 전혀 관심이 없는 학생을 제외한 나머지 학생들은 선생님의 눈길을 한번이라도 받기 위해 열심히 선생님을 쳐다본다.

비록 머릿속은 딴 생각으로 가득 차 있다고 하더라도 눈만은 선생님을 주시한 채로 선생님이 나를 주목해 주기를 바란다. 실제로 선생님의 주목을 받은 학생들은 관심을 받은 만큼 더 집중해서 수업을 듣는다.

이것이 주목받고 싶어 하고 주목받으면 그 기대에 부응하고 싶은 인간의 심리이기 때문에 프레젠테이션을 맡은 발표자는 이러한 청중의 심리를 잘 이용해야 한다.

발표자의 이야기를 듣고 있는 청중 역시 발표자에게 주목받고 싶어 하며, 주목을 받은 청중은 더욱 호의적으로 프레젠테이션을 바라보게 된다.

그렇다면 시선 처리를 어떻게 해야 청중을 사로잡을 수 있는지 아이컨택의 구체적인 스킬에 대해 알아보자.

첫째, 소외되는 청중이 없도록 골고루 눈맞춤을 하라.

프레젠테이션을 하다 보면 유독 발표자의 이야기에 관심을 갖고 호의적으로 들어주는 청중이 있다. 발표자는 자신의 말에 열렬하게 호응해 주는 청중과 눈을 마주치는 순간 흥이 돋기 때문에 그에 대한 고마움이 생기게 된다. 때문에 호의적인 청중과만 시선을 자주 교환하게 되고, 다른 청중은 들러리로 앉아 있게 된다.

프레젠테이션에서 발표자가 바라보아야 할 대상은 호의적인 청중 몇몇이 아니라 발표자의 이야기를 들어주는 모든 청중이다. 따라서 시선 처리를 할 때 소외되는 청중이 없도록 골고루 시선을 맞추는 데 신경을 써야 한다.

하지만 청중이 소수가 아닌 다수일 경우에는 한 사람 한사람 모두와 눈맞춤을 한다는 것이 현실적으로 불가능하다. 그때에는 구역별로 그룹 핑을 지어 그 그룹 전체를 바라보는 것도 하나의 방법이다.

둘째, 나만의 시선처리 규칙을 만들어라.

발표자는 청중이 앉아있는 배열 위치에 따라 시선을 자유자재로 옮겨 갈 수 있어야 한다. 따라서 평소에 자신에게 맞는 시선 처리 규칙을 정해 놓는다면 장소가 달라진다 하더라도 크게 당황할 일은 없을 것이다.

시선 처리 규칙에는 먼저 왼쪽에서 오른쪽으로 시선을 옮겨가는 방법이 있다. 우리나라 사람들은 글도 왼쪽에서 오른쪽으로 읽고, 운전자 좌석 또한 왼쪽에 있다. 모두가 왼쪽에서 시작되는 것에 익숙한 것이다. 따라서 왼쪽에서 오른쪽으로 시선을 보내는 것이 발표자 본인과 청중 모두에게 자연스럽다.

다음으로는 청중이 많지는 않지만 한쪽 위치에 몰려있지 않고 사방팔방 흩어져 있는 경우라면, 시계 방향으로 시선을 옮기는 방법이 있다. 이 규칙은 12시, 3시, 6시, 9시 방향으로 청중에게 시선을 주는 것으로, 주의할 점은 12시, 3시까지는 시선을 보냈지만 이야기 도중 본인이 몇 시 방향까지 시선을 주었는지 잊어버리는 경우가 있기 때문에 소외되는 청중이 생길 수 있다는 것에 신경을 써야 한다.

마지막으로는 지그재그의 방법으로 청중을 향해 시선을 이동하는 방법이다. 이 방법은 보다 많은 사람들 앞에서 발표할 경우에 필요한 효과적인 시선 이동법으로, 눈으로 Z를 그리듯이 왼쪽에서 오른쪽, 다시 오른쪽에서 왼쪽으로 시선을 보내는 지그재그 시선 처리법이다.

　시선을 옮기는 규칙에는 이렇게 여러 가지 방법이 있지만, 사람마다 자신이 편하다고 느끼는 시선 이동 방법이 있기 때문에 어떤 방법이 가장 좋다고 단정 지어 말할 수는 없다.
　따라서 이러한 방법들 중에서 본인이 가장 활용하기 편한 방법을 선택해서 효과적으로 시선 처리를 하면 된다.

　셋째, 시선을 옮겨가는 타이밍을 정확하게 지키는 것이다.
　이 타이밍은 청중에게 혼란을 주는 것을 방지하기 위해 반드시 지켜야 할 사항으로, 가장 좋은 방법은 1 Message 1 Person의 방법이다. 만일 발표자가 여러 사람에게 골고루 시선을 주어야 한다는 원칙을 지킨다는 목적 하에 한 문장을 이야기할 때 여러 명에게 시선을 준다면 청중은 발표자의 불안한 시선으로 인해 혼란스러워질 것이다.
　따라서 발표자는 하나의 메시지가 끝날 때까지는 시선을 고정시켜야 하며, 새로운 메시지가 시작되는 시점에 다른 사람에게로 시선을 자연스럽게 옮겨가야 한다. 그렇다면 시선 이동 타이밍이 왜 문장 단위가 아니고 메시지 단위여야 하는 것일까?
　문장 단위로 시선을 옮기게 되면 문장의 길이가 길어질수록 한 사람에게 머무는 시간 역시 길어질 수밖에 없다. 이렇게 되면 청중과 발표자 사이에 어색함이 흐를 수 있기 때문에 가능한 한 짧은 단위의 메시지로 아이컨택을 하는 것이 좋다.

만일 "프레젠테이션 아이컨택의 필요성과 방법"이라는 주제로 이야기를 한다면, 다음과 같이 시선 이동 타이밍을 잡으면 된다.

"제가 오늘 여러분에게 알려드릴 주제는/
프레젠테이션 스킬 중 Eye Contact의 필요성과 방법입니다./
프레젠테이션 경험이 적은 사람일수록/
슬라이드만을 바라보고 청중과는 담을 쌓는 경우가 많습니다./
그러나 프레젠테이션을 할 때 시선은/
될 수 있는 대로 많은 사람들과 마주칠수록 좋습니다."

우리가 프레젠테이션에서 발표하는 내용들은 수많은 메시지들로 이루어져 있다. 따라서 이러한 방법으로 청중들과 아이컨택을 하게 되면 결국 모든 청중과 소통을 하며 이야기할 수 있다.

지금까지 살펴본 효과적인 아이컨택에 있어 주의해야 할 점은 시선을 옮겨갈 때 눈만 돌리는 것이 아니라, 몸의 방향도 시선을 따라 함께 옮겨야 자연스럽다는 것이다.

그렇다면 이제 청중을 프레젠테이션에 몰입하게 만드는 움직이는 시각 보조물, 제스처의 효과적인 방법에 대해 살펴보자.

제스처는 눈맞춤 만큼이나 청중들에게 발표자의 이야기를 효과적으로

전달하는 또 하나의 의사소통 수단이다.

실제로 동료나 가족들과 이야기할 때 우리는 손을 움직이면서 이야기를 하며, 누군가에게 길을 알려줄 때에도 역시 손짓을 통해 일러주게 된다.

TV 대담에서 토론자들이 격렬한 논쟁을 벌일 때 보면 그들은 손의 움직임을 통해 자신의 의사를 적극적으로 표시한다. 어디 그뿐인가? 우리는 상대가 보이지 않는 전화 통화를 할 때조차도 손을 움직여 의사 전달을 한다.

이처럼 제스처는 우리 일상에 깊숙이 자리 잡고 있지만, 프레젠테이션의 발표자가 제스처를 잘 사용하는 경우는 흔치 않다.

따라서 제스처를 잘 사용해서 발표를 한다면 청중에게 능숙한 프레젠터로 보일 수 있는 좋은 기회를 잡을 수 있을 것이다.

일반적인 비즈니스 프레젠테이션에서 많이 사용할 수 있는 기본 제스처는 대략 4가지 정도로 구분된다.

첫째, Sweep이라고 불리는 제스처로, Sweep 동작은 손바닥을 펼친 채 팔을 앞쪽으로 뻗어 옆으로 훑는 동작이다.

자신의 손을 이용해 앞쪽에 있는 마당을 쓸어내는 것과 같다고 해서 일명 마당 쓸기 제스처라고도 부른다.

프레젠테이션에서 가장 다양한 용도로 사용되는 마당 쓸기 제스처의 활용 예는 다음과 같다.

1. 포인터에 있는 레이저 불빛의 역할을 대신해서 사용할 수 있다.

대부분의 프레젠터들은 슬라이드에 나온 중요한 부분을 가리킬 때마다 레이저 불빛을 사용한다. 그러나 레이저 불빛을 자주 사용하게 되면 청중에게 눈의 피로감과 함께 시선의 혼란을 줄 수 있다. 따라서 가능한 한 레이저의 사용을 자제하고 마당 쓸기 제스처를 사용해서 청중의 시선을 주목시키는 것이 효과적이다.

2. 마당쓸기 제스처는 전달하고자 하는 내용 중 지양하는 방향을 표현할 때 또는 단호하거나 강력한 표현을 할 때 가장 적합한 제스처다.

예를 들어 "이와 같은 문제는 다시는 일어나서는 안 됩니다."라는 문장에서 단호하게 표현해야 할 '다시는'을 강조하기 위해 Sweep의 제스처를 사용할 수 있다.

또 "그러한 일은 절대로 그냥 놔둬서는 안 됩니다."와 같이 조금 더 강하게 표현해야 할 부분에서는 확실한 방법으로 쓸어내는 것이 좋다. 그러려면 Sweep의 길이를 더 길게 가져가거나 양손으로 쓸어내는 방법을 써야 한다.

Sweep의 제스처를 가장 잘 활용하는 부류는 날씨 정보를 전해주는 기상캐스터들로, 그들의 손동작을 유심히 살펴보면 Sweep 동작을 사용한다는 것을 알 수 있다.

"다음은 전국의 자세한 내일 날씹니다. 토요일인 내일 아침 기온은 영하 2도로 떨어져 추운 날씨를 보이겠습니다."와 같은 날씨 정보를 전하면서 기상 캐스터들은 능숙하게 마당 쓸기 제스처를 취한다.

둘째는 비교의 제스처로, 서로 다른 2가지 요소를 자신의 손으로 비교해서 볼 수 있도록 표현하는 동작이다.

이때에는 내 손으로 막대그래프를 만든다는 느낌을 가지고 손바닥을

편 채 팔을 아래에서 위로, 또는 위에서 아래로 제스처를 취하면 된다.

보통 비교는 먼저 것과 나중 것을 동시에 보면서 한 화면에서 차이를 느낄 수 있도록 만들어 주는 것이 대부분이기 때문에 제스처도 동시에 보고 그 차이를 눈으로 확인할 수 있도록 양손을 따로 사용해서 제스처를 취하면 효과적이다.

다음에 제시된 예문을 활용해서 비교 제스처를 취해 보자.

"올해 매출은 작년 240억 원에서 400억으로 증가했습니다."
"부채비율이 25%에서 12%로 감소했습니다."

셋째 제스처는 기간을 나타내는 제스처로, 비즈니스 PT에서 많이 등장하는 동작이다.

"이 프로젝트는 지금부터 약 7개월이 소요될 예정입니다."
"지금부터 약 10년 동안은 여러분의 수익이 보장됩니다."

이러한 기간의 예문을 제스처로 표현하려면 한 손으로 시작되는 시점을 먼저 찍고, 다른 한 손으로 시작점부터 손을 떼지 말고 차례대로 쭉 훑어나가면 된다. 이것이 기간을 나타내는 제스처 표현법이다.

넷째 제스처는 '시점'을 가리키는 제스처로, 일명 타임라인 제스처라고도 한다.

타임라인 제스처는 어느 특정 시점을 가리키는 것으로, 손을 세로로 세워 가운데를 톡 자르듯이 표현하면 된다.

만일 "이번 사업 계획안은 이달 말까지 제출하겠습니다."라는 의사를 전달한다면 '이달' 부분에서 제스처를 사용할 것인지, '말' 부분에서 타임라인 제스처를 사용할 것인지를 확실하게 표현하는 것이 중요하다.

지금까지 비즈니스 프레젠테이션에서 가장 빈번하게 사용되는 4가지의 제스처들을 살펴보았다. 이러한 제스처들을 사용할 때 반드시 지켜야 할 중요한 원칙 하나는 제스처를 사용할 때 손의 위치가 항상 허리 위에서 이루어져야 한다는 것이다. 그러기 위해서는 손을 제스처로 연결하기에 가장 좋은 위치인 허리와 가슴선 사이에 두고 다음 제스처로 이어지기 쉬운 오픈 자세로 만들어 자유롭게 풀어 놓는 것이 좋다.

제스처는 내가 전달하고자 하는 이야기를 내 손으로 그림을 그리는 것과 같다. 따라서 숙달되지 않으면 인위적으로 보일 수 있기 때문에 일상에서도 제스처가 익숙해질 수 있도록 손을 사용해서 의사표현 훈련을 하도록 하자.

프레젠테이션은 준비에서 판가름 난다

열심히 준비한 프레젠테이션을 최종 무대에 올리기 전에 남은 관문이 하나 더 있는데, 그것은 바로 리허설이다.

프레젠테이션 리허설은 자료에 익숙해지고 완벽하게 숙지하는 것을 넘어 프레젠테이션에 걸리는 시간 등을 체크하고, 실전 상황에서 일어날 수 있는 장애 요소와 여러 가지 변수들을 준비하는 단계이다.

따라서 리허설은 프레젠테이션에 있어서 해도 되고 안 해도 되는 선택 사항이 아니며, 이 시간은 프레젠테이션의 최종 점검 단계이자, 프레젠테이션을 수정, 보완할 수 있는 마지막 기회의 시간이다.

만일 준비가 덜 됐다거나 시간이 없어 못하겠다는 등의 이유로 이런 기회의 시간을 날려버린다면 결과는 불 보듯 뻔하다.

프레젠테이션의 성공과 실패는 누가 하느냐에 달려 있는 것이 아니라,

얼마만큼 더 많은 준비를 했느냐에 달려 있다.

    필자는 프레젠테이션 리허설을 영화가 개봉되기 전 진행되는 시사회라고 말하고 싶다.
    영화나 광고 등은 일반인에게 공개되기 전에 시험적으로 상영하는 시사회와 같은 절차를 거친다.
    작품을 냉정하게 판단할 수 있는 관계자들 앞에서 작품을 시사하고 그들의 반응과 평가를 들을 수 있다는 점에서 프레젠테이션 리허설과 영화 시사회는 같다고 볼 수 있다.
    그러나 프레젠테이션 리허설이 영화 시사회보다 좋은 이유 중의 하나는 관련자들의 피드백에 따라 충분히 수정 보완할 수 있는 기회를 가질 수 있다는 점이다.
    그렇기 때문에 리허설을 많이 하면 할수록 성공적인 프레젠테이션에 한 발짝 더 다가갈 수 있다.

    프레젠테이션에서 리허설이 필요한 이유는 실전과 흡사한 시뮬레이션을 통해 프레젠테이션 당일 날 발생할 모든 사안을 경험해 보고 만반의 준비를 하기 위해서다.
    실제로 리허설을 하다 보면 개선되어야 할 사항들이 계속해서 발견되고, 생각지도 못했던 곳에서 실수가 드러나기도 한다.
    만일 이러한 문제들이 실전에서 불거졌다면 그것은 생방송 도중에 벌어지는 방송 실수처럼 돌이킬 수 없는 일이 되고 만다. 따라서 리허설 때는 이러한 사고에 대비해서 일어날 수 있는 모든 상황을 체크하고, 준비에 만전을 기해야 한다.

프로와 아마추어의 차이는 큰 것이 아닌 작은 것에서 결정된다는 것을 반드시 명심하라.

그렇다면 프레젠테이션 리허설은 어떻게 해야 제대로 하는 것일까? 프레젠테이션 리허설 요령은 첫째, 할 수만 있다면 실제 상황과 똑같이 연출해서 예행연습을 하는 것이다.

국제대회에서 우리나라 양궁 선수들이 금메달을 휩쓰는 이유는 선수

들의 기량이 뛰어나서기도 하지만, 실전과 똑같은 예행연습 덕분이라고 한다. 상대의 응원소리를 계산에 넣고 10점을 쏘았을 때부터 9점, 8점에 이르기까지 각각 다른 야유 소리를 틀어놓기도 하고, 기자들의 카메라 셔터 소리에 익숙해지기 위해 여러 대의 야외 스피커를 통해 소음 적응 훈련을 실시한다고 한다.

결국 이렇게 철저한 대비책을 세웠기 때문에 양궁 선수들이 우리나라의 위상을 드높일 수 있었던 것이다.

프레젠테이션 역시 낯선 장소, 낯선 사람들 앞에서 이루어지는 만큼 가능한 한 현장의 상황을 미리 파악하고, 청중, 장소, 배치, 시간, 여건 등을 고려한 리허설이 되도록 준비하는 것이 좋다.

두 번째 요령은 리허설을 여럿이 모인 상태에서 진행하라는 것이다. 프레젠테이션 리허설은 프레젠테이션 준비에 가담한 사람들과 실무진들로 구성된 청중 앞에서 실전처럼 진행하는 것이 좋으며, 이때 일부는 내용 구성을 살피고, 일부는 비주얼의 오탈자를 살피며, 일부는 전달 기술을 살펴보는 등 역할을 나눠서 살펴보는 것이 효과적이다. 또한 리허설에서 청중이 제기할 수 있는 질문들을 예상해 보고 질문에 따른 명확하고 간결한 답변을 준비해야 한다.

세 번째 요령은 발표자 스스로 모니터링을 하는 것이다.

발표자는 리허설 때 본인의 발표를 음성 녹음이나 동영상으로 촬영해서 모니터링하는 것이 좋다. 동영상을 통해 모니터링을 하는 효과적인 방법으로는 2가지가 있다. 첫째는 화면을 끄고 소리에만 집중하는 방법으로, 이때에는 내가 무엇을 말하고 어떻게 말하는지를 체크한다. 둘째는 소리를 끄고 화면에만 집중하는 방법인데, 이때에는 자세, 제스처, 표정 등을 살펴본다. 이 두 가지 방법으로 모니터링을 하면 청중의 관점에서 냉정하게 발표자를 판단해 볼 수 있다.

이상으로 프레젠테이션 스킬을 모두 살펴보았다.

성공한 사람들의 공통점은 항상 끊임없이 노력한다는 것으로, 연습은 노력이 필요한 모든 분야의 핵심 요소이다.

본인의 의사를 타인에게 정확히 전달한다는 것은 어려우면서도 매우 중요한 일인 만큼 충분한 연습을 통해 철저히 준비하길 바란다.

연습만이 프레젠테이션의 성공을 결정짓는 지름길이라는 것을 명심하고, 효과적인 리허설을 통해 프레젠테이션의 승자가 되어 보자.

Lesson 04

상대의 마음을 빼앗는 스피치 비결

사람 간의 소통에 있어서도 따뜻한 사랑의 언어가 필요하다. 상대방을 배려하는 따뜻한 언어는 내 입장에서 표현하는 것이 아닌, 상대의 표현법으로 이야기를 전달하는 것이 핵심이다.

상대에게 마음을 전할 때는
I Message 전달 기술을 써라!

말다툼을 한번이라도 해본 사람은 공감하겠지만 싸움은 참으로 신기하게도 아주 작은 말다툼에서 시작되어 큰 싸움으로 번진다.

말은 그만큼 무서운 위력을 가지고 있는 정체불명의 무기다.

우리 부부의 말다툼도 처음에는 아주 작은 이야기가 불씨가 되어 시작됐지만 결국 저 깊숙이 박혀 있던 케케묵은 지난 이야기까지 보태어져 점점 큰 불덩어리로 변해 간 적이 있었다.

다행히도 서로에 대한 소통 방법을 알고 있어 초가삼간 다 태우기 전에 화재를 진압했지만 만일 그때 불길이 더 크게 번졌더라면 돌이킬 수 없는 길을 선택할 수도 있지 않았을까란 생각을 해본다.

그리하여 이번 장에서는 이러한 갈등의 화재를 진압하는 데 효과적인 소통의 방법에 대해 알아보자.

흔히 볼 수 있는 남녀 간의 싸움은 도무지 왜 화가 났는지 알 수 없는 묵묵부답의 여자, 그 모습을 황당해 하는 남자, 그리고 그런 남자의 태도에 더 화가 난 여자 사이에서 주로 시작된다.

다음의 예를 한번 살펴보자.

여자 : ……．
남자 : 뭐야, 왜 그래! 뭐 화난 거 있어?
여자 : ……．
남자 : 아~ 왜 그래! 뭐 땜에 화가 났는지 말을 해줘야 알지?
여자 : ……．
남자 : 아~ 진짜, 이야기 안 할 거야?
여자 : 정말 미치겠다. 그걸 꼭 말로 해줘야 알아? 내가 왜 화가 났는지 정말 몰라? 이 상황이 왜 벌어졌는지, 내가 왜 화가 났는지 구구절절이 하나부터 열까지 다 말해 줘야 되는 거야?
남자 : 와, 내가 귀신이라도 되냐? 말 안 해도 알게? 말을 안 해 주는데 그걸 어떻게 알아?

그렇다. 이 대화에서도 알 수 있듯이 여자의 경우 첫째, 자신이 화가 나 있는 상황을 만든 건 남자인데 당사자가 그걸 어떻게 모를 수 있는지 도무지 이해할 수가 없다.

둘째, 자신이 화가 나 있는 상태를 풀어줄 생각보다는 무엇 때문에 화가 났는지 이야기를 하라는 남자의 에티튜드에 더 화가 난다.

셋째, '울며 겨자 먹기' 심정으로 화가 난 자초지종을 설명하고 난 후 보이는 남자의 '내가 언제 그랬냐'는 식의 기가 막히다는 태도에 더 화가 난다.

말도 하기 싫을 정도로 화가 나지만 이야기를 하라기에 겨우 속에 있는 말을 끄집어내서 했건만, 돌아오는 반응은 "내가 언제 그랬어?"라는 황당한 답변이라니. 남자의 이 같은 반응에 여자들은 더 이상 대화를 할 가치가 없다고 판단해서 말문을 닫아버리거나 치밀어 오르는 분노를 자제하지 못하고 따발총 마냥 쉴 새 없이 말을 퍼부어댄다. 뿐만 아니라 이때 여자는 현재의 사건은 물론, 논지에서 벗어난 지나간 과거 일들까지 모두 들춰내어 서운함을 토로하고 만다.

남자의 경우는 어떠할까?

첫째, 남자들은 여자들에 비해 다른 사람의 생각이나 음성, 그리고 몸짓 언어를 읽어내는 능력이 뛰어나지 않다. 따라서 별다른 이유 없이 다짜고짜 침묵으로 일관하며 화가 났음을 알리는 여자의 감정 표출에 어쩔 줄 몰라 한다.

둘째, 남자들은 심플한 걸 좋아한다. 화나는 일이 있으면 어디에서 무엇 때문에 화가 났는지 일목요연하게 정리해서 알려 주면 될 텐데, 답답하게 입을 꾹 다물고 저절로 알아주길 바라니 미치고 팔짝 뛸 노릇이다.

셋째, 남자는 사냥꾼이다. 자신이 사냥하겠다고 마음먹은 먹잇감에는 온 신경을 곤두세우지만 그 주변을 어슬렁거리는 다른 수많은 사냥거리

에는 관심이 없을 뿐만 아니라, 그것들이 있는지도 감지하지 못한다. 즉 남자는 자신이 관심을 가지고 있는 것에만 신경을 쓸 뿐, 그 이외의 것은 눈에 보이지도 않는다. 자신이 어떤 행동을 보였으며 무슨 이야기를 했는지 관심을 두지도, 신경을 쓰지도 않기에 본인의 잘못을 인식하지 못한다. 따라서 자신이 상대를 화나게 했다는 상황이 억울할 뿐이다. 본인은 그러한 의도가 아니었고 언제 자신이 그랬는지도 알 수 없기에.

이를 통해 여자들이 깨달아야 할 중요한 사실은 남자들은 '말을 해주기 전에는 상대가 무엇을 원하는 지 알 수 없다.'는 사실이다. 그리고 여기에 하나 더! 자신을 화나게 한 남자가 보여준 행동에는 사실상 별다른 의미가 담기지 않았다는 사실이다.

이는 남녀관계에 있어 오해의 소지를 불러올 수 있는 중요한 팩트이기 때문에 신경을 써야 한다.

그렇다면 오해가 쌓이고 화가 난 상태에서 여자와 남자의 대화는 어떻게 진행이 되어야 원활한 소통이 될 수 있는 것일까?

우선적으로 남자와 여자는 각각 하나씩을 버리고 시작해야 한다.

먼저 여자는 마음에 담아두고 있다가 어느 순간 한꺼번에 폭발해서 한 번에 터뜨리는 '핵폭탄급 폭로' 습성을 버려야 한다.

남자들은 지나간 일을 잘 기억하지 못한다. 따라서 기분 나쁜 일이 발생한 그때 그 순간에 콕 집어 이야기를 해야 한다. 그렇지 않으면 남자들은 인정하려 들지 않는다.

따라서 둘 사이의 대화가 오고 가던 중 혹은 어떤 행동에 마음이 상했다면 바로 그 자리에서 감정 표현을 확실히 해야 남자들이 알아듣는다.

단 이때 주의할 점은 화가 나는 그 순간 자신의 감정 표현은 확실히 하되 상대방을 비난하며 공격하는 듯한 말투로 이야기하는 것은 금물이다.

물론 화가 잔뜩 난 상태에서 자신이 무엇 때문에 화가 났는지를 상대에게 알려야 하는 그 열 받은 상황에 애교 섞인 목소리로 부드럽게 이야기할 수 있는 호인은 그리 많지 않을 것이다.

그래서 최대한 비난과 공격성을 배제한 채 속상한 감정을 'I-Message' 기법으로 솔직하게 전달한다면 상대 역시 그 감정을 받아들일 마음의 준비가 될 것이다.

'I-Message'는 '나'를 주어로 해서 상대에 대한 자신의 감정이나 생각을 솔직하게 표현하는 대화법으로 '나 전달법'이라고도 이야기한다. 예를 들어 어떤 상황에서 '네가 그렇게 (행동) 하니까, 나는 이런 (감정)을 느낀다'와 같이 자신의 감정을 솔직하게 표현하는 것이 I-Message의 표현법이다.

가령 여자가 남자의 어떠한 말이나 행동에 대해 화가 났다면 다음과 같이 말하면 된다.

"자기, 방금 나한테 말한 것처럼 그렇게 이야기하면 나는 화가 날 수밖에 없어. 그 이야기는 내 자존심을 건드리는 이야기라 조심해 줬으면 좋겠어."

"자기가 그렇게 행동하면 내 기분이 어떤 줄 알아? 되게 무시당한 느낌이라 무지 속상해."

이처럼 솔직하게 나의 감정을 I-Message로 전달하면 상대방은 충분히 왜 화가 났는지에 대해 이해할 수 있을 것이다.

그렇다면 남자들은 어떻게 대응하는 것이 좋을까?

남자들 역시 한 가지를 버리고 시작해야 하는데, 그건 바로 You-Message 대화법이다.

우리가 일상적으로 나누는 대화들을 살펴보면 대개는 상대를 중심으로 상대방의 행동에 대해 평가나 공격을 더하는 표현인 'You-Message'

로 이루어져 있다. 우리는 이것을 너 전달법이라고도 이야기하는데 너 전달법은 주어가 '너'이며, 상대방의 행동에 대한 평가나 비평이 주가 되는 대화방식이다.

예를 들어 "자기, 방금 나한테 말한 것처럼 그렇게 이야기하면 나는 화가 날 수밖에 없어. 그 이야기는 내 자존심을 건드리는 이야기라 조심해 줬으면 좋겠어."라는 I-Message를 너 전달법인 You-Message로 바꾸어 이야기한다면 "너 무슨 말을 그 따위로 해? 넌 정말 사람 열 받게 하는 재주가 있어. 그거 아니? 그렇게 이야기하면 내가 자존심 상할 줄 알고? 흥, 웃기는 소리하네." 등과 같은 상대방에게 책임을 지우는 표현이 되는 것이다.

만일 남녀 간의 다툼에서 이러한 너 전달법의 대화가 오고 가게 된다면 어떻게 될까?
이러한 말을 들은 사람은 자신을 비난 또는 공격하는 느낌을 전달받게 되고, 그렇게 되면 상대방 역시 반감이나 저항심, 심지어는 공격성까지 갖게 되어 결국에는 상호 관계가 깨지고 말 것이다.
때문에 이와 같이 공격적인 말로 상대의 잘못을 들춰내 화가 났다는 것을 표현하려면 차라리 침묵으로 일관하여 상대의 속을 답답하게 하는 편이 더 나을 지도 모른다.

"그래, 미안해 나도 화가 나는데 네가 그렇게 다그치니깐 나도 모르게 그런 말이 나왔어. 진심은 아니야."

"네가 그런 부분에 대해 그렇게 민감할 줄은 정말 몰랐어. 앞으로는 조심할게."

이처럼 상대를 배려하는 'I-Message'로 자신의 감정을 이야기한다면 두 사람 사이에 폭탄이 터지는 사태는 충분히 막을 수 있다.

이처럼 상대방을 배려하는 따뜻한 언어는 내 입장에서 표현하는 것이 아닌, 상대의 표현법으로 이야기를 전달하는 것이 핵심이다.

이러한 'I-Message' 표현은 비단 남녀관계에만 해당되는 것은 아니다.

다음의 예를 한번 살펴보자.

> 지영이는 친구 윤미와의 약속 시간에 부득이하게 늦게 되었다. 오는 길에 자전거와 부딪치는 접촉사고가 나서 처리를 끝내고 오는 바람에 약속시간에 한 시간이나 늦어졌지만, 휴대폰 배터리가 나가버리는 통에 연락조차 취할 수 없었다. 지영이는 윤미에게 너무나 미안한 마음이 들었고, 불안한 마음으로 헐레벌떡 뛰어 마침내 약속장소에 도착했다. 친구 윤미에게 상황을 설명하고 진심으로 사과를 하려고 마음먹은 순간, 윤미가 먼저 말을 꺼낸다.
> "야! 너 지금이 몇 시야? 넌 시간관념이 있는 애니, 없는 애니? 늦으

면 늦는다고 전화라도 줬어야 할 거 아니야? 넌 내가 그렇게 우습니?"

"……."

자초지종도 들어보지 않고 무조건 쏘아붙이는 친구 윤미의 태도에 지영이는 지금껏 윤미에게 가졌던 미안한 마음이 사라져버리고 오히려 화가 난다.

"너 너무 지나치게 예민한 거 아니니? 내 얘기도 들어보지 않고 다짜고짜 따지기부터 하니? 그러는 넌 여태껏 한 번도 늦은 적 없었어?"라며 공격적으로 돌변해서 너 전달법으로 말을 한다.

이처럼 I-Message는 내 책임으로 받아들이는 것이지만, 너 전달법인 You-Message는 상대방에게 책임을 지우는 대화다.

따라서 이야기를 할 때에는 상대방의 태도 자체를 비난하는 것이 아닌, 상대의 행동에 대한 자신의 생각과 감정을 솔직하게 넣은 나 전달법으로 바꾸어 말해야 한다.

만일 위의 예와 같은 상황에서 친구 윤미가 약속 시간에 늦은 지영이에게 "무슨 일 있었어? 네가 늦어서 (행동) 내가 얼마나 걱정했는지 알아? (생각) 솔직히 아무 연락이 없고 늦어서 화가 났었어. (감정)"라고 나 전달법을 사용해서 표현했더라면 둘 사이의 오해는 금방 풀렸을 것이다.

이와 같은 너 전달법의 대화는 우리 일상에서 흔히 일어나는데, 고객과의 전화 통화나 직장 내 동료들과의 대화, 또는 부모 자식 간의 대화에서도 이와 같은 일들은 빈번하게 벌어진다.

만일 당신이 인간 관계에 있어서 상대의 마음을 녹이고, 소통의 온도가 올라가기를 원한다면, 나 전달법을 사용해서 상대를 배려하는 말로 바꿔 표현해 보자.

같은 표현이라도 I-Message를 사용해서 이야기하면 상대방은 자신의 문제 행동이나 태도를 변화시키고자 하는 동기가 생기며, 방어보다는 협력적인 태도를 보이게 된다.

어릴 적 재미있게 읽었던 이솝우화 '해와 바람'을 떠올려 보자.

해와 바람 중 두꺼운 외투를 입고 지나가는 나그네의 외투를 벗긴 것이 바람이었는지 해였는지 여러분은 기억하고 있는가?

해와 바람의 내기에서 승리한 것은 '강력한 바람'이 아닌 '따뜻한 햇살'이었다.

사람 간의 소통에 있어서도 이와 같이 따뜻한 사랑의 언어가 필요하다. 상대방을 배려하는 따뜻한 언어에는 상대방의 마음을 녹여 소통 온도를 100도씨 이상으로 끌어올리는 힘이 있다.

스몰토크로 상대의
마음을 열어라!

일상적인 이야기는 상대와 나 사이에 높게 쌓인 장벽을 허물어주고, 닫혀 있는 마음을 열어주는 열쇠와 다름없다. 따라서 상대와 부담 없이 편안하게 대화를 주고받기 위해서는 서로가 공감할 수 있는, 즉 시간을 벌어주는 스몰토크가 반드시 필요하다.

스몰토크란 가벼운 대화를 뜻하며, 일상적인 이야기나 사소한 이야기를 나누며 서로가 마음의 문을 여는 준비 시간을 갖는 것이다.

특히 누군가와 처음 만나는 자리에서는 스몰토크를 통해 관계를 친밀하게 형성하는 것이 우선되어야 한다.

아무리 자신의 본론이 급하다고 하더라도 스몰토크 과정을 생략한다면 절대로 상대의 마음 문을 열 수 없다.

비즈니스에서도 마찬가지다. 세일즈든 협상이든 고객과의 미팅이든 목적이 확실한 비즈니스 만남이라고 해서 상대방을 만나 바로 본론으로 들어간다면 상대는 '저 사람은 목적을 달성하는 데만 급급하구나.'라는 생각을 갖게 되고 정나미가 떨어질 것이다. 특히 당신이 미국인과 비즈니스를 하게 되는 경우라면 스몰토크를 배제한 채 바로 업무로 들어가는 실수는 비즈니스 결과에 치명타를 줄 수 있으니 주의해야 한다.

스몰토크가 생활화 되어 있는 미국인들은 하루에도 수십 차례 스몰토크를 한다. 비단 미국뿐이 아니다. 가만히 생각해 보면 우리도 하루 일과 중 꽤 많은 시간을 스몰토크를 하면서 보내고 있다.

가령 마트에서 계산을 하며 가벼운 인사로 점원과 대화를 나누거나, 엘리베이터 안에서 마주친 이웃 주민과 짧게 안부 인사를 주고받거나, 매일 같이 마주치는 직장 동료들과 가벼운 이야기를 나누는 등의 모든 행위가 스몰토크다. 다만 자신이 스몰토크를 하고 있는지조차 인지하지 못하고 대수롭지 않게 넘기는 것뿐이다.

스몰토크는 일상의 소소한 이야깃거리를 나누는 담소와도 같다. 때문에 화려한 언변술이 없어도, 굳이 거창하게 스피치를 하지 않아도 된다. 하지만 누군가와 마주했을 때 쉽사리 입을 열지 못하고 할 이야기가 없어 눈길을 피하거나 번번이 다른 행동을 하며 그 상황을 모면하기 위해 애쓰는 사람들이 의외로 많이 있다.

그런 이들에게 이러한 비유를 해주고 싶다. 고급 레스토랑에 가면 메인 요리가 나오기 전에 애피타이저라고 해서 입맛을 돋우는 식전 음식이

제공된다.

  스몰토크는 메인 스피치가 나오기 전의 애피타이저로, 주 요리가 아니다. 다만 메인 요리를 맛있게 먹기 위한 하나의 식전 음식이다.

  따라서 상대와의 거리를 좁히고 편안한 분위기를 만들어 나가기 위해 살짝 맛만 보는 단계라 생각하고 부담 없이 가벼운 이야기로 대화를 시도해보자.

  그런데 스몰토크 단계에서 상대를 자신의 편으로 확고히 만들기 위해 욕심을 부려서 메인 요리를 꺼내기도 전에 애피타이저로 상대를 질리게 하거나 배부르게 만들어 버리는 토크의 욕심쟁이들이 간혹 있다.

  근사한 메인 요리를 바로 뒤에 두고 식전 요리로 배가 불러 메인 요리를 맛없게 먹고 싶은 사람은 없을 것이다.

스몰토크도 마찬가지이다. 스몰토크로 이야기를 한 번에 끝내려는 것은 과욕이라는 것을 반드시 알아야 한다.

모든 것에는 순서가 있기 마련으로, 스몰토크가 본론을 흐리지 않도록 하라.

그렇다면 이러한 스몰토크는 어떻게 해야 잘할 수 있을까?

첫째, 대화에 대한 부담감을 버리고 적극적인 자세를 가져야 한다.
스몰토크를 잘하기 위해서 부담을 갖거나 두려움을 가질 필요가 전혀 없다. 스몰토크의 주된 목적은 상대가 나에게 친밀감을 갖도록 해서 마음의 문을 여는 것이다. 따라서 남이 먼저 내게 손을 내밀어주기를 기다리기보다는 내가 한걸음 먼저 다가가 반갑게 맞으며 이야기를 하는 적극적인 자세가 동반되어야 한다.

둘째, 상대에 대해 관심을 가져야 한다.
스몰토크를 하기 위해서는 상대와 나의 공통점이나 교차점을 찾아야 하는데 그러기 위해서는 짧은 시간 안에 상대를 관찰하여 그 사람을 빠르게 파악하는 센스가 필요하다.

'저 사람은 빨간 옷을 입었구나. 그렇다면 좋아하는 색깔은 빨간색일 가능성이 크겠군.', '저 사람은 액세서리를 참 많이 했네. 그렇다면 평소에 화려하게 꾸미는 것을 좋아하는 스타일이겠군.' 등 상대에 대해 관심을 가지면 나와 그 사람과의 대화를 이어줄 소재를 발견할 수 있다.

만일 빠른 시간 안에 상대를 관찰할 수 없는 상황이라면 모두가 관심을 갖고 좋아할 만한 공통의 이슈나 화젯거리 등을 미리 몇 가지 찾아놓고 대화의 소스를 뽑아 말하는 것도 좋은 방법이다.

필자는 늘 말을 하는 직업이다 보니, 언제 어디에서라도 즉석 스피치가 가능하도록 오프닝과 엔딩에 필요한 멘트 등을 늘 준비해서 다닌다.

가령 출근길에 라디오를 듣다가 진행자의 오프닝 멘트가 마음에 와 닿으면 틈날 때 그것을 휴대폰 메모장에 정리해 놓고 나만의 이야기 소스로 만드는 것이다.

또 책을 보다 괜찮은 글귀가 있거나, 인터넷 검색 또는 SNS를 하다가 좋은 글귀나 재미난 문구가 있으면 그 역시 나만의 휴대폰 메모장에 붙여 넣기를 해서 또 하나의 이야기 소스로 저장해 놓는다.

이렇게 하루 이틀 사흘, 한 달 두 달 석 달 꾸준히 나만의 메모를 만들어 저장해 놓으면 몇 십 개의 축적된 이야기 소스가 마련된다. 그 순간 마치 곡식 부자가 된 것 마냥 이야기 재료 부자로 탄생하는 기쁨을 맛보게 된다.

그리고는 이렇게 모인 이야기 재료들을 그때그때 맞는 상황에 따라 하나씩 골라 꺼내놓으면 아주 훌륭한 스몰토크 소재로 사용할 수 있다.

셋째, 스몰토크를 잘하기 위해서는 공감 능력을 높여야 한다.

아무리 좋은 이야기 재료가 있다고 해도 그 이야기가 나 혼자 즐겁고, 나 혼자 좋아하는 내용이라면 상대방은 전혀 공감을 할 수 없다. 결국 둘 사이는 따로국밥처럼 섞이지 않고 오히려 서먹서먹한 시간이 길어지게 된다. 따라서 이야기를 하면서 상대의 반응이나 표정을 모니터링하는 것이 필요하다. 이러한 과정들을 염두에 두고 스몰토크를 한다면 상대방과 긴밀한 관계를 형성해 나갈 수 있을 것이다.

그렇다면 어떠한 주제로 스몰토크의 물꼬를 터야 하는 것일까?

스몰토크는 어색한 분위기를 누그러뜨리고 상대와 호전적인 관계를 유지하기 위한 것이므로 이야기 소재로 어떤 것을 선택하느냐가 무척 중요하다.

스몰토크에 좋은 주제로는 날씨, 영화, 스포츠, 취미, 음식, 가십, 여가 생활 등, TV 프로그램처럼 무겁지 않고 가벼운 주제들이 좋으며, 민감하기 쉬운 개인의 신상에 관한 질문이나 논쟁거리가 되는 정치, 종교 이야기는 피하는 것이 좋다.

이와 같이 서로에게 한 발짝 다가갈 수 있는 스몰토크는 시작도 중요하지만 적당한 타이밍에 마무리하는 기술 또한 무척 중요하다.

스몰토크는 이야기가 너무 심도 있게 진행되지 않는 적당한 선에서 잘라주는 것이 좋으며, 5분 이내로 대화를 마무리하는 것이 가장 적당하다.

처음 만나는 사람과 무슨 이야기를 어떻게 시작해야 할지 고민이었다면 앞으로 스몰토크를 잘 활용해서 타인과의 만남을 부드럽고 자연스럽게 풀어가도록 해보자.

상대의 마음을 빼앗는
다섯 가지 칭찬 화법

지금까지도 많은 사랑을 받고 있는 베스트셀러 '칭찬은 고래도 춤추게 한다'는 책을 보면 신이 인간에게 내린 최고의 능력이 바로 칭찬이 아닐까 하는 생각이 든다.

칭찬은 상대의 좋은 점이나 잘한 일에 대해 높이 평가하여 표현하는 것으로, 몸이 아프면 약을 먹어야 낫듯이 자신이 없거나 기운이 빠져 있을 때 칭찬만큼 힘이 되고 약이 되는 것은 없다. 그래서 예로부터 칭찬은 귀로 먹는 보약이라고 했다.

실제로 칭찬이 생명체에 주는 힘은 무척 크다.

죽어가는 양파의 뿌리가 칭찬으로 다시 살아나기도 하고, 칭찬을 들은 물은 다이아몬드처럼 예쁜 수성체로 변하기도 한다. 어디 그뿐인가. 칭찬을 먹고 자란 밥알의 곰팡이는 예쁘게 핀다고까지 하니 그야말로 칭찬은 모든 생명에 새 힘을 불어넣는 에너지원이다.

이렇게 생각과 감정이 없는 것들에게까지도 큰 영향력을 행사하는 칭찬의 위력을 안다면 감정의 동물인 사람에게 어찌 칭찬을 아끼겠는가?

칭찬은 닫혀 있는 사람의 마음을 움직여 호감도를 높이는, 결코 빼놓을 수 없는 중요한 인간관계 수단이다.

사람은 누구나 칭찬받고 싶어 하며, 칭찬만큼 상대의 마음을 빠른 시간 안에 열어주는 것은 없다.

비록 부끄럽고 민망한 마음 때문에 드러내어 좋아하지는 못하지만, 칭찬을 마다하는 사람은 이 세상에 없다. 이렇게 누구나 좋아하고 기쁨을 주는 것이 칭찬이지만, 우리는 누군가를 칭찬하는 것에 굉장히 인색하다.

우리가 칭찬에 인색한 이유들을 생각해 보면, 첫째, 상대의 긍정적인 면을 바라보지 못하고 단점을 먼저 보는 습관, 둘째, 내 칭찬이 상대에게 부담을 주거나 오해를 사지는 않을까 하는 두려움, 셋째, 무엇을 어떻게 칭찬해야 할지 칭찬의 방법을 제대로 알지 못해서이다.

곰곰이 생각해 보면 우리는 어린 시절부터 많은 교육을 받고 자랐지만, 상대를 칭찬하는 것에 대한 교육은 별도로 받지 못했다.

그렇기 때문에 간혹 상대의 칭찬을 '저 사람이 나한테 뭘 바라고 저럴까?'라고 본의 아니게 왜곡하는 경우도 생기게 된다.

이와 같은 오해를 사지 않기 위해서는 칭찬을 하는 사람도 받는 사람도 칭찬에 대해 제대로 알아야 한다.

그렇다면 이제 일상에서 쓰이는 다양한 칭찬 화법들을 한번 익혀보자.

1. 소유물 칭찬 : 소유물 칭찬은 상대방에 대한 직접적인 칭찬이 아닌, 상대방의 소유물을 통해 상대를 간접 칭찬하는 방법이다.

상대방이 가지고 있는 소지품이나 착용하고 있는 액세서리 등을 가지고 칭찬한다.

"선생님! 입고 계신 스웨터가 피부를 더 깨끗하게 보이게 하네요."
"어머, 어머님! 립스틱 색깔이 너무 예뻐서 10년은 더 젊어 보이세요."
"대표님! 사무실이 너무 근사해서 또 오고 싶어져요."

2. 단순 칭찬법 : 이 칭찬은 느끼는 그대로, 사실 그대로를 칭찬하는 방법으로, 상대의 피부나 머릿결, 목소리 등 모두가 느끼는 사실적인 사항을 들어 칭찬하는 방법이다.

"고객님! 목소리가 참 좋으세요."
"어쩜 머릿결이 그렇게 좋으세요? 마치 샴푸 모델 같아요."
"어떻게 하면 피부가 그렇게 좋아질 수 있어요?"

3. 비유 칭찬법 : 이 칭찬은 적절한 비유를 들어서 칭찬하는 방법으로, 비유의 대상은 객관적으로 누가 들어도 기분 좋은 대상이어야 한다. 만일 자신이 예쁘다고 생각한 여자 연예인과 비교해서 "어머, 고객님 OOO 닮으셨어요."라고 했는데, 상대방이 공교롭게도 그 연예인을 싫어할 경우에는 그 말을 칭찬으로 받아들이지 않기 때문이다.

따라서 누구나 좋아하는 대상이거나, 훌륭하거나, 존경 받을만한 대상과 상대를 비유해야지만 성공적인 칭찬이 된다.

그것이 어렵다면 특정인을 지칭하기보다는 아래 예와 같이 전체적인 대상을 잡아 칭찬하는 것이 좋다.

"몸매가 어쩜 그렇게 모델 같으세요?"
"스타일이 영화배우처럼 멋있으세요."

4. 간접 칭찬법 : 이 칭찬은 제 3자를 통해 간접 칭찬을 하는 방법이다. 제3자에게 간접적으로 칭찬을 전달받는 것은 칭찬받는 기쁨과 자랑하고 싶은 욕구, 이 두 가지가 동시에 충족되기 때문에 더 큰 칭찬의 효과를 불러올 수 있다.

"부장님이 그러시는데 김대리님이 일을 그렇게 잘하신다면서요?"
"말씀 많이 들었습니다. 어머님이 며느님이 싹싹하다고 입이 마르게 칭찬하셨어요."

다음은 칭찬을 더욱 효과적으로 할 수 있는 방법들이니 참고하기 바란다.

1. 구체적으로 칭찬하라.

칭찬은 두루뭉술하게 하는 것보다는 구체적인 한 가지를 꼬집어 칭찬해야 그 효과가 커진다.

예를 들어 "어머, 고객님 너무 예쁘세요."라는 칭찬은 립서비스 같지만, 같은 내용이라도 "어머, 고객님 웃는 모습이 너무 예쁘세요.", "어쩜 그렇게 키가 훤칠하세요? 모델인줄 알았어요."와 같이, 상대의 신체적 특징을 미화해서 구체적으로 칭찬하는 것이 좋다.

2. 장점을 찾아내어 칭찬하라.

서비스 대화 스킬을 강의하러 가서 칭찬에 대해 이야기하면 "아무리 찾아봐도 장점이 없는 사람은 어떡하나요?"라는 질문이 한번씩은 꼭 들어오는데, 이 세상에 장점이 없는 사람은 없다. 거창하지 않더라도 남들이 알아주지 않는 상대의 소소한 장점을 찾아내어 칭찬해 준다면 예상 외로 큰 효과를 기대할 수 있다.

우리가 보통 상대방의 장점을 잘 찾지 못하는 이유는 기대치가 높아서인데, 기대치를 조금만 낮추고 관심 있는 태도로 상대를 면밀히 관찰하면 그동안 보이지 않았던 상대방의 장점을 발견할 수 있을 것이다. 감동은 전혀 기대하지 못했던 순간에 발생한다.

3. 칭찬은 타이밍이다.

버스가 떠난 다음에 하는 뒷북 칭찬은 효력이 반감된다. 칭찬은 바로 그 자리에서 해주어야 제 맛이 난다. 상대가 칭찬받고 싶었던 그 순간에 곧바로 칭찬을 해야 그 기쁨이 배가 되기 때문이다. 따라서 시간이 지난 다음에 칭찬을 하면 그 효과가 반감된다는 사실을 기억하고, 칭찬할 일이 있으면 마음에만 담아두거나 망설이지 말고 바로 그 순간 그 자리에서 지체 없이 칭찬하자.

"김 과장! 보고서가 아주 좋아. 수고했어."

"이 실장님! 오늘 표정이 아주 밝은데요. 무슨 좋은 일 있어요?"

4. 성과보다는 과정을 칭찬하라.

비즈니스에서는 성과를 무시할 수 없지만, 인간관계에 있어서는 과정을 무시할 수 없다. 따라서 사람을 우선시한다면 성과가 비록 만족스럽지 못하더라도 노력이 뒤따랐다면 결과에 대한 과정을 칭찬해야 한다.

"지난 분기 대비 이 정도 실적이면 그래도 괜찮은 성장이야. 정말 고생 많았어."라는 상사의 한마디는 힘 빠진 부하직원들의 사기를 충족시키는 가뭄의 단비와도 같다. 과정을 칭찬하는 것은 결과를 평가하는 것이 아닌, 상대의 노력과 공을 인정해주는 것이기 때문이다.

5. 한번에 한가지씩만 칭찬하라.

아무리 좋은 음식도 과하면 독이 될 수 있다. 아무리 칭찬이 사람과의 관계를 좋게 만들어준다고는 하지만 한꺼번에 쏟아 붓는 칭찬은 득보다는 실이 될 수 있다는 것을 기억하자. 따라서 한 번에 여러 가지를 들어 칭찬할 것이 아니라, 한 번에 하나의 칭찬거리를 찾아 칭찬함으로서 그 가치를 높여라.

지금까지 어떤 요령과 방법으로 상대를 칭찬해야 하는지에 대해 살펴보았다. 이제 남은 것은 실습뿐이다.

칭찬 역시 많이 해본 사람이 잘할 수 있으며, 어색하지 않고 자연스럽게 할 수 있다. 오늘부터라도 적절한 때에 진심이 담긴 칭찬을 내 주위 사람들에게 선물해 보자. 칭찬이야말로 별다른 준비 없이도 상대방과의 관계를 진전시켜주는 표현과 소통의 요소이다.

더 나은 소통을 위해
때로는 침묵하라!

영국 작가 도로시 네빌은 다음과 같은 이야기를 했다.
"진정한 대화의 기술은 적절한 곳에서 적절한 것을 말하는 것이다. 그러나 더 어려운 대화의 기술은 말하고 싶은 순간에도 적절치 않은 말을 하지 않고 남겨두는 것이다."
나는 커뮤니케이션 교육가로서 전적으로 이 말에 동의한다. 가끔은 침묵이 소통을 완성시켜 주기도 하기 때문이다.

소통은 꼭 대화를 통해서만 이루어지는 것은 아니다. 경우에 따라서는 상대를 수용하고 배려하는 침묵의 공간이 만들어질 때 참된 소통이 이루어지기도 한다.
자신의 소리를 비우고 침묵으로 그 공간을 채운다면 자신이 갖고 있는 에고를 잠재울 수 있는 힘이 생긴다. 이렇게 자신을 정화하는 시간을 갖게 되면 상대와의 소통에 있어서도 한결 편안한 마음이 들게 된다.

언젠가 모차르트가 남긴 이러한 글을 본 적이 있다.
"음악은 음표 안에 있지 않고, 음표와 음표 사이에 존재하는 침묵 안에 있다."
우리 인생의 모든 아름다운 관계도 침묵 속에서 탄생한다. 이 말은 곧 침묵의 공간은 다른 사람을 먼저 배려하고 수용할 수 있는 공간을 의미한다. 그리고 이러한 침묵은 더 나은 소통을 위해 필요한 또 하나의 언어이다.

사람은 나이가 들수록 말에 욕심을 낸다고 한다. 프랑스에서 세속 사제로 활동했던 '조제프 앙투안 투생 디누아르'는 자신의 저서 '침묵의 기술'에서 "침묵보다 나은 말이 있을 때만 입을 열라!"고 조언하고 있다.

그 말은 즉 말에 대한 욕심을 내려놓아야 한다는 뜻이다. 적절한 순간에 더 나은 소통을 위해서 잠시 입을 닫고 침묵으로 여백의 시간을 만드는 사람이야말로 소통의 고수이고, 세련된 소통 전문가라고 말할 수 있다.

그렇다면 어떠한 순간에 잠시 나의 소리를 내지 않고 침묵을 지켜야 하는 것일까?

첫째, 서로 다른 생각의 차이에서 논쟁의 여지가 생겨나려 할 때 그 다름을 인정해 줄 자신이 없다면, 상대를 비난하지 말고 그 순간 잠시 침묵으로 말을 아껴라.

다름과 틀림은 전혀 의미가 다르다. 나와 생각이 같지 않다고 해서 틀린 것이 아니라 다른 것일 뿐이다. 고로 그 생각을 무조건적으로 반박하거나 틀리다고 단정을 지어서는 안 된다. 먼저 상대의 생각을 인정해주고 그 후 그와 다른 나의 의견을 어필할 수 있어야 한다. 만약 자신과 다른 상대를 인정할 용기가 없다면 그냥 입을 닫고 침묵으로 소통을 이어나가는 게 훨씬 효과적이다.

둘째, 상대의 단점이나 잘못을 들춰내어 지적하고 싶은 순간이다.

상대에게 안 좋은 감정을 가지고 대화를 하는 도중에 상대의 단점이나 잘못이 보여 그 사람의 잘못을 지적하고 고치려 든다면 상대는 그 잘못을 깨닫게 해준 당신에게 절대로 고마움을 느끼지 않는다. 오히려 자신의 치부를 건드렸다는 생각으로 감정이 격해져서 당신에게 소통의 벽을 쌓을 것이다.

　따라서 지적을 하고 싶은 그 순간, 말하고 싶은 충동을 잠시 가라앉히고 그런 이야기를 해줄 수 있는 더 좋은 타이밍을 기다려라.

　화났을 때 뱉은 말은 두고두고 후회를 남기기 마련이다. 내가 뱉은 말에 책임을 크게 질 일은 애초에 만들지 말자.

　'적을 만들지 않는 대화법'이란 책의 저자 '샘 혼'은 침묵은 세련된 말보다 더욱 큰 설득력을 발휘할 수 있다고 했다.

　말을 해야 할 상황에서 말을 절제하며 침묵을 하는 것도 효과적이지만 이보다 좋은 침묵의 효과는 상대가 자신의 이야기를 들어주기를 원하는 순간에 가만히 침묵으로 지켜봐 줄 때 나타난다. 이것이 더 나은 소통을 위한 지혜로운 행동이다.

　필자는 얼마 전 스트레스와 과로로 인한 심한 두통에 머리가 깨질 듯 아팠던 순간이 있었다.

　심하게 아파 본 사람은 누구나 공감할 것이다. 너무나 아픈 그 순간에는 누가 참견을 하는 것도, 말을 걸어오는 것도 다 귀찮고 힘들게 여겨진다는 것을. 그냥 조용히 안정을 취할 수 있도록 내버려두고 통증의 고통이 사라질 때까지 지켜봐 주는 것이 최선이라는 것을.

그러나 지혜로운 소통을 알 리 없는 이들은 아픈 이를 어떻게 대하게 되는가?

"약은 먹었어? 어디가 어떻게 아픈데? 병원에는 가 본 거야? 그러게 내가 몸 좀 잘 돌보랬잖아!"라며 쉴 새 없이 말을 건다. 정말 그러한 상황에서는 자꾸 말을 걸어오는 상대가 그렇게 미울 수가 없다.

묻고 싶은 말이 있고 하고 싶은 이야기가 있어도 일단은 그 순간 그냥 혼자 쉴 수 있도록 내버려두자. 그리하면 시간이 지나 통증이 사라지고 나면 오히려 상대에게 고마움을 느끼게 될 것이다.

이처럼 침묵 자체가 곧 말이 될 수 있다. 침묵은 단순히 입을 닫는다는 의미를 넘어 일종의 언어 양식인 셈이다.

무조건적인 소통은 의미가 없다. 침묵 없는 소통은 자신을 돌아보고 생각해 볼 자기 성찰의 시간을 빼앗는 것이다.

말이 넘쳐나는 말의 과잉 시대에 살고 있는 우리에게 자신을 비우고 침묵을 채워 넣는, 소통을 위한 침묵은 진정한 소통을 위해 너무나도 중요한 언어임을 기억하자. 그리고 실행하자.

지혜로운 소통을 위해 침묵의 바다에 기꺼이 몸을 던져라!

마음을 전달하는
소소한 표현법을 익혀라!

'사물이 거울에 보이는 것보다 가까이 있습니다.'

자동차 운전을 하는 사람들에게는 참으로 익숙한 글귀이다.

하루에도 몇 번 씩 좌회전이나 우회전을 하기 위해 수시로 자동차 양쪽에 달린 백미러를 보게 되지만 이 메시지를 유심히 들여다보고 생각에 잠기는 사람은 많지 않을 것이다.

'사물이 거울에 보이는 것보다 가까이 있다.'는 백미러 안에 새겨진 이 말에 담긴 의미는 무엇일까? 말 그대로 사물이 거울에 보이는 것보다 가까이 있으니 차량이나 사람 등을 주의하여 사고가 나지 않도록 주의하라, 혹은 경계하라는 의미일 것이다.

그런데 우리의 생활 속에 실제로 보이는 것보다 더 가까이 존재하는 것들이 과연 자동차 백미러를 통해 보이는 주변 물체들뿐일까?

우리가 생각하고 있는 것보다, 그리고 실제로 우리가 보고 있는 것보다, 어쩌면 우리 주위엔 생각보다 가까이에 존재하는 소중한 사람들이 많다. 그러나 백미러 속 경고 메시지를 무심코 지나치며 잊고 지내듯이 우리 또한 바쁜 삶 속에서 허덕이며 지내느라 그들의 존재를 잊고 소중한 사람들을 외롭게 만들고 있지는 않은지 한번 쯤 생각해 볼 필요가 있다.

거울 속에 보이는 모습보다 가까이에 있는 그들은 매일 같이 나를 위해 기도하는 나의 부모님일 수도 있으며, 나의 사랑과 손길을 기다리는 가족일 수도 있고, 치열한 삶의 전쟁터에서 하루 8시간 이상 머리를 맞대고 동고동락하는 직장 동료일 수도, 생각만으로도 편안하고 의지가 되는 우정을 나누는 친구일 수도, 그리고 그 존재 자체만으로도 힘이 나게 하는 삶의 이유와도 같은 사랑하는 사람일 수도 있다.

사실 우리가 살아가는 이유는 바로 나의 곁을 지키고 있는 이러한 소중한 이들 때문이다. 이들이 존재함으로 인해 아무리 바쁘고 힘들어 지쳐 쓰러지고 싶은 그 순간에도 삶의 의지를 다시 불태우고 열정을 불러일으킬 수 있는 것이다.

그러나 참으로 어리석게도 곁에 있다는 이유만으로, 그들은 언제라도 항상 볼 수 있다는 생각 때문에 그들의 소중한 가치를 제대로 인지하지 못할 때가 많다.

더욱이 그들을 향한 소중하고 고마운 마음조차 표현하지 못한 채 지내는 일이 다반사이다 보니 안타까운 마음이 크다.

　표현하지 않아 멀어진다는 이야기를 들어 본 적이 있는가? 표현하지 않는 관심은 무관심처럼 느껴질 수 있다. 소중한 사람일수록, 특히 곁에 있는 사람일수록 사소한 말과 행동에 굉장히 민감하게 반응할 수 있다. 그만큼 상대를 신경 쓰고 있다는 증거이다.

　따라서 상대가 자신의 감정을 혼자 생각하고 판단해서 오해하지 않도록 우리는 상대를 향해 끊임없이 표현해 줘야 한다.

　그것이 고마운 감정이라면 진심을 담아 고맙다는 말을. 그것이 미안한 마음이라면 진정성이 담긴 미안하다는 표현을. 그것이 사랑한다는 고백이라면 자신이 표현할 수 있는 최고의 마음을 담아 상대에게 사랑한다고 표현해야만 한다.

누군가가 말했다. "표현하지 않는 사랑은 사랑이 아니다."라고. 그렇다. '말 안 해도 알아주겠지'라고 생각하면 상대와의 감정의 골은 더 깊어만 간다. 서로가 생각하는 관점이 사람마다 다르기 때문이다. 그렇기 때문에 구체적으로 서로의 마음을 나누는 대화가 필요하다.

내가 상대방을 생각하는 마음의 크기가 제아무리 크다고 하더라도 표현하지 않는 마음은 상대가 받아들이기에 진정한 마음이 아닌 것이다.

물론 말하지 않고 표현하지 않는다고 해서 그 사람의 진심이 진심이 아니라고 단정 지을 수는 없다. 그러나 상대가 그 마음을 느끼지 못한다면 그건 방법이 잘못된 것이다. 내 진심이 들키면 안 되고 내 마음이 전달되면 큰일 나는 것이 아니라면, 내 주위의 소중한 사람들에게 오늘을 계기로 표현하며 살자.

"곁에 계셔 주셔서 감사합니다.", "연락 자주 못 드려 죄송합니다.", "영원히 함께 해요. 사랑합니다."

'사물이 생각하는 것보다 가까이 있습니다.'

지금 내 머릿속 백미러에 떠오르는 주위의 누군가에게 바로 자신의 마음을 표현해 보자. 누군가가 곁에 있고 가까이 있을 때 표현하지 않으면, 표현하려고 마음먹은 그 어느 날에 이미 그 거울 속의 소중한 사람은 사라지고 없을 수도 있다. 그것이 우리의 인생이라는 것을 잊지 말자.

공감을 불러일으키는
복사 화법

커뮤니케이션 교육을 담당하는 강사로서 내가 가장 많은 갈증을 느껴왔던 부분이 '나도 좋은 강의를 듣고 싶다.'와 같은 교육을 받는 것에 대한 목마름이었다. 교육을 하는 사람의 입장에 서다 보니, 나도 나만의 아집과 틀에 박힌 강의로만 교육을 진행하는 것은 아닐까 하는 두려움에 사로잡힐 때가 많았기 때문이다.

그러한 두려움과 갈증을 푸는 방법은 사람마다 다르겠지만 개인적으로 나는 누군가의 강의를 들음으로써 그 두려움을 해소하는 일이 많다. 왜냐하면 그 강의를 통해 자극을 받고 동기부여를 받게 되는 것은 물론 다시금 열정과 에너지를 만들어낼 수 있는 좋은 기회가 되기 때문이다. 그렇게 지쳐있던 시기에 때마침 김효석 교수님의 공감 화법 강의가 있었다. 그 강의는 인간관계의 소통에 힘들어하던 나에게 꼭 필요했던 공감 화법 교육이었다.

그때 내가 받았던 신선한 자극과 감동을 이 책의 독자들에게도 똑같이 느끼게 해주고 싶은 마음에 복사 화법에 대해 소개하고자 한다.

사회 초년생들은 복사를 끔찍이도 싫어한다지만 사람들과의 관계를 진전시키는 방법으로 복사만큼 좋은 화법은 없다.

복사 화법은 단순하다. 머리를 굴리지 않고 상대가 하는 이야기를 그대로 따라하면서 다시금 들려주면 되는 것이다.

글로만 보면 오늘부터라도 당장 할 수 있을 것 같지 않은가? 그러나 이 복사 화법을 의외로 많은 사람들이 어려워하고 있다.

"자 지금부터 저와 대화를 나누는 겁니다. 선생님은 제가 말하는 대로 제 이야기를 복사해서 이야기해 보세요!"라고 한 후에 1대 1로 복사 대화를 시작하면 어김없이 막히는 부분이 생겨난다.

그때 생겨나는 질문은 "정말 그대로 따라하는 거 맞아요? 이렇게 말하면 상대가 오히려 놀리는 것 같다고 생각하지 않을까요?"라며 복사 화법의 효과에 대해 의심을 하는 의심족들도 여럿 보았다.

그러나 복사 화법을 제대로 사용한다면 상대와의 대화가 끊임없이 이어져 마치 토크박스와도 같은 상황이 연출된다.

복사 화법은 상대에게 끊임없이 말을 하게 해주는 오픈 대화법이다.

상대의 이야기에 대한 결론을 내가 내리지 않고 상대가 내릴 수 있도록 계속해서 말을 하게 하는 화법인 것이다.

그렇다면 이제 복사 화법으로 어떻게 대화를 풀어가는지 구체적으로 살펴보자.

딸: 엄마~ 나, 오늘 엄마랑 마트에 가고 싶어요.
엄마: 엄마랑 오늘 마트에 가고 싶다고?
딸: 응~ 마트 가서 우유도 사고, 콘푸레이크도 사고, 아, 참! 내일 우리 반 친구 생일이라 생일 선물도 사야 해요.
엄마: 마트 가서 우유도 사고, 콘푸레이크도 사고, 반 친구 생일 선물도 사야 하는구나.
딸: 응, 엄마. 같이 가 줄 거지?
엄마: 그럼~ 같이 가 주지.
딸: 이야~ 신난다. 역시 우리 엄마가 최고야.
엄마: 이야~ 엄마도 신난다. 우리 딸이 엄마가 최고라고 하니까.
딸: 그럼~ 우리 반 친구 엄마들 중에서 엄마가 제일 예쁘고 제일 착하고 제일 멋져요. 난 그래서 엄마가 너무너무 좋아.
엄마: 어머, 반 친구 엄마들 중에서 엄마가 제일 예쁘고, 제일 착하고 제일 멋져? 엄마를 너무너무 좋아해 줘서 고마워.
딸: 엄마, 나도 고마워요. 그리고 사랑해요.

위의 대화 내용은 실제 5살배기 딸과 내가 나눈 대화의 일부이다. 복사 화법 강의를 들은 후 변한 것이 있다면 딸과의 이야기가 훨씬 재미나

고 기대된다는 것이다. 딸이 이야기한 대로 나는 그대로 따라 옮겼을 뿐인데, 딸은 더욱더 신이 나서 묻지도 않은 이야기까지 술술 풀어놓는다.

이처럼 복사 화법으로 서로의 사이가 더욱 가까워질 뿐만 아니라 더 깊은 소통을 할 수 있다.

부부간의 대화에서도 이러한 복사 화법으로 둘 사이의 관계를 진전시킬 수 있다.

아내가 몇 년 동안 고수해 오던 긴 머리를 단발로 자르고 들어와 남편에게 알아봐 달라고 이야기하는 상황을 복사 화법으로 체크해 보자.

아내: 여보, 여보 나 뭐 변한 거 없어?
남편: 뭐가 변했을까? (이때 단번에 '머리 잘랐네'라고 이야기해서 다음으로 아내가 준비한 말을 가로채 김새게 만들지 마라.)
아내 : 나 머리 잘랐잖아.
남편 : 아~ 머리 잘랐구나.
아내 : 응, 봄도 됐고 해서 기분전환 겸 잘라봤어.
남편: 아~ 봄이라서 기분 전환 겸 잘랐구나. 잘했네. (여기에 '잘했네'라든가 '예쁘다'라든가 플러스 한마디가 더해져야 한다. 그렇지 않으면 영혼 없이 따라하는 앵무새와도 같은 느낌을 줄 수 있기에 상대가 기분 나빠할 수도 있다.)
아내: 잘했지~ 나 이 머리 얼마주고 했게?
남편: 얼마주고 했는데?
아내: 오픈 기념으로 20%나 할인 받아서 단돈 만원에 했다?
남편: 오픈기념으로 20%나 할인 받았어? 만원에? 이야. 싸다. (여기에도 플러스 한마디, 무언가 상대의 자랑하고 싶은 욕구에 맞춰 칭찬의 한마디가 더해지면 상대는 자신이 의도한 대로 답이 나와서 기분이 좋아진다.)
아내: 그치, 정말 싸고 잘하더라고. 자기도 다음에 머리 자를 일 있으면 그 미용실 가 봐.

남편: 그러네, 정말 싸고 잘하네. 그래, 나도 다음에 머리 자를 때 가봐야겠다.

이렇게 상대방의 말을 따라해 준다는 것은 단순히 상대의 말투를 앵무새처럼 따라하는 것이 아니라, 그 사람의 의견에 동조한다는 의미이자 이야기를 제대로 들어준다는 느낌을 준다. 이 화법은 오롯이 상대의 말과 행동에 포커스를 맞추고 집중해야만 그대로 따라할 수 있다. 이것이 바로 배려이고 소통이다.

이와 같이 복사 화법을 통해 상대와 이야기를 했을 때의 장점은 다음과 같다.

첫째, 이야기를 하는 사람은 상대가 나의 이야기를 잘 들어주고 있다는 생각에 신이 나서 더 많은 이야기를 하고 싶은 욕구를 갖게 된다.

둘째, 듣는 사람은 이야기를 하는 상대가 무슨 이야기를 하고 싶어 하는지 쉽게 파악할 수 있어서 상대의 마음을 이해하는 데에 도움이 된다.

셋째, 실수를 줄일 수 있다.
상대의 말을 그대로 옮겨서 하게 되면 상대의 말을 확인할 수 있게 된다. 예를 들어 "실장님! 커피 좀 부탁해요"라고 상대가 말했을 때 "대표님! 커피 부탁하신 거 맞죠?"라고 상대의 말을 확인한다면 커피 대신 물을 떠

다주는 실수는 하지 않게 된다.

　이러한 이유로 고객을 대하는 상담원 분들이 전화로 고객과 이야기를 할 때 "고객님, 지금 말씀하신 사항이 휴대폰 착신 서비스를 원하신다는 거 맞으신 거죠?" 하고 재차 확인하는 것이다.

넷째, 경청의 달인이 될 수 있다.

　앞서 언급했듯이 복사 화법은 상대방의 말을 처음부터 끝까지 다 들어야만 복사를 할 수 있다. 따라서 복사 화법을 사용함으로써 타인의 이야기를 경청할 수 있는 기회가 늘어나게 되고, 그렇게 되면 자연스럽게 경청의 고수가 될 수 있다.

다섯째, 상대에 대한 신뢰감과 친밀도가 쌓이게 된다.

　나와 통하는 사람을 싫어할 사람은 없다. 나의 이야기를 잘 들어주고 나와 같은 입장에서 피드백을 해 주는 사람과 신뢰가 형성되고 친밀도가 쌓이는 것은 당연한 결과이다.

　이처럼 복사 화법은 상대와의 거리를 좁히고 자연스럽게 소통할 수 있도록 하는 공감 화법이다. 공감이라는 것은 같은 것을 느끼는 것이다. 그렇기 때문에 이왕이면 복사 화법으로 이야기할 때 상대방의 말투와 속도까지 따라하면 더욱더 그 효과는 커진다.

　상대의 말의 속도가 빠르면 빠르게 복사하고, 느리면 느리게 복사하고, 말투나 억양까지도 비슷하게 연출하면 그 사람과의 거리를 훨씬 더

좁힐 수 있다. 우리가 처음 만난 사람과 식사를 하러 갔을 때 같은 종류의 음식을 시키는 것만으로도 공감대를 형성할 수 있듯이, 복사 화법도 마찬가지라는 것을 기억하자.

복사 화법의 핵심은 '상대방이 무얼 원하는지 상대의 말 속에 그 비밀이 있다.'는 것이다.
상대와 공감 소통을 하고 싶다면 상대가 물어보는 포인트, 그리고 이야기하는 포인트를 잘 기억해두고 그 이야기를 복사하면 상대가 원하는 방향으로 소통이 되는 대화를 해 나갈 수 있을 것이다.

Lesson 05

거침없는
소통의 기술

상대와의 원활환 소통을 위한 가장 강력한 대화 스킬은 바로 누구나가 알아들을 수 있는 쉽고 단순한 표현으로 상대방의 공감을 이끌어내는 것이다.

글로 소통하는 시대,
글에도 말투가 있다

'글에도 말투가 담겨 있다'는 사실을 아는가?

모든 글에는 그 글을 쓴 사람의 말투와 감정이 고스란히 들어가 있다.

말투는 말을 하는 사람의 버릇이나 습관을 의미한다. 즉 부드러운 말투, 화가 난 말투, 무미건조한 말투, 급한 말투, 느린 말투 등 누구나 자기 자신만의 고유 말투를 갖고 있다.

처음 만나는 사람과 몇 마디만 나눠 봐도 '아, 이 사람은 나와 통하는 사람이구나.', '에이 이 사람은 절대 두 번 다시 보고 싶지 않은 사람이야'라는 느낌을 받게 되는 경우가 있다. 그러한 느낌을 주는 가장 큰 영향은 바로 상대의 말투이다.

우리는 상대의 말투를 통해 그 사람이 어떤 사람일지에 대해 나름대로 가늠해 보기도 하고, 더 나아가 그 사람의 단면적인 말투만으로 상대를 평가하고 단정 짓기까지 한다. 이처럼 말투는 나를 표현하고 나타내는 제2의 얼굴이자, 나를 떠올리게 만드는 상징과도 같다.

따라서 우리는 매너와 예의를 갖춘 말투로 상대를 대할 필요가 있다.

그 말투가 곧 나를 보여주는 나의 이미지이기 때문이다.

그런데 이러한 자신만의 말투가 글에도 오롯이 배어 나온다. 스마트폰 시대에 사는 현대인들은 하루 중 톡이나 SNS를 통해 상대와 소통하는 시간이 과거에 비해 현저히 많아지고 있다. 그러므로 지금 이 시대의 가장 큰 대화 매개체는 아마도 문자일 것이다.

글로 이루어지는 소통은 말로 하는 대화는 아니지만, 말을 글로 대신해서 소통한다는 측면에서 '보이지 않는 대화'라고 할 수 있다. 생각해 보자. 상대방이 보낸 문자를 눈으로 읽고 있는데 갑자기 그 상대의 목소리가 들리는 듯한 느낌을 받은 경험이 한번 쯤은 있지 않은가? 그 이유는 바로 상대가 보낸 글만으로 상대의 이미지가 떠오르고 상대의 마음이 느껴지기 때문이다.

이와 같이 반드시 대화를 통해서만 상대의 감정을 읽을 수 있는 것은 아니다. 글 안에도 상대가 전하고자 하는 감정과 말투가 고스란히 들어가 있다. 그렇기 때문에 내가 쓰는 문장 하나하나, 단어 하나하나에 상대를 배려하는 따뜻함을 실어 글의 온도를 올릴 필요가 있는 것이다.

문자에도 품격과 매너를 담자.

내가 작성하는 글의 문장 하나하나에 나의 마음과 진심이 담겨진다고 생각해 보자. 한마디를 하더라도 대충 성의 없이 작성할 수 있겠는가?
　만남도 전화도 아닌 글로서 마음을 전하려고 한다면 최대한의 배려와 성의가 보이도록 문장을 작성하자.
　요즘 10대들 사이에는 문자 메시지 속의 이모티콘이나 'ㅋㅋ'와 같은 메시지가 포함되어 있지 않으면 상대가 기분이 나쁘다고 받아들인다고 한다. 실제로 요즘 학생들의 채팅 글을 보면 대부분이 이모티콘이나 축약어로 자신의 의사를 표현하고 있다. 제대로 된 진심 어린 문장이라고는 찾아보기 힘들 정도이다.
　사람의 감정을 이모티콘으로 대체하여 대화하는 것이 스마트한 시대의 우리네 일상이 되어버린 것이다.

생각해보면 나 역시도 언제부터인가 글로 전하는 상대방과의 대화 중 이모티콘이 빠지면 대화가 삭막하다는 느낌을 받게 되었다.

그러나 서로의 전달 의도나 마음의 표현이 단순히 이모티콘 하나가 빠졌다고 해서 오해할 수 있는 것은 결코 아니다.

다만 상대가 보여주는 문장이 무성의하고 예의가 없다면 그것은 문제의 소지가 되기가 충분하다.

이기주 작가의 '언어의 온도'란 책을 보면 우리가 하는 말과 쓰는 글에도 따뜻함과 차가움. 온도의 정도가 존재한다고 한다.

이 말에 의하면 우리가 글로 소통할 때에도 읽을 때 내가 느끼는 온도와 글을 쓸 때 느끼는 온도가 각각 존재할 것이다.

실제로 나의 경우에도 메신저나 문자로 누군가와 대화를 할 때 상대방이 너무 심플하게만 이야기를 작성해서 보내면, '이 사람은 좀 차가운 사람이네. 나와의 대화를 빨리 끝내고 싶은 건가?' 하는 의도치 않은 오해를 하기도 한다. 따라서 누군가와 글로 소통을 하고 있다면 전송 버튼을 누르기 전 한번 쯤 자신이 써내려간 글과 자신이 선택한 어휘가 최선의 것인지를 다시 확인하는 점검 작업을 하기 바란다. '만일 이 문자를 내가 받는다면' 혹은 '이 글을 읽는 사람이 나라면 기분이 어떨까?' 하는 생각을 말이다.

그렇게 하면 백 마디의 말보다 한마디의 글에 더 깊은 감정을 담아 상대를 감동시킬 수도 있을 것이다.

똑같은 글이라 해도 읽는 사람이 누구냐에 따라서 생각하는 관점이 달라지고 바라보는 시각 또한 달라져서 결국 서로 다른 해석을 하게 될 수 있다. 뿐만 아니라 나의 의도와는 전혀 상관없이, 그 의미가 변질되고 왜곡된 채로 상대에게 전해져 오해를 불러오는 경우도 많다. 사람의 생각이란 것이 다 같을 수는 없으니 무조건 똑같은 방향에서 해석할 수 없기 때문이리라. 때문에 상대방과 진정으로 소통하는 글로 대화를 하기 위해서는 그의 언어와 나의 언어가 조인해야 한다.

그가 어떤 성향의 사람인가를 먼저 파악한 후 상대가 자주 사용하는 언어로 이야기할 수 있어야 공감을 형성하는 글 소통이 이루어진다.

즉 그들의 언어를 이해하고 그들의 언어로 이야기하기 시작할 때 상대와 나와의 거리가 좁혀진다는 사실을 반드시 기억하자.

남자와 여자는 소통의 DNA가 다르다

전쟁과도 같은 하루 일과를 마치고 피곤에 지친 몸을 이끌고 집으로 돌아온 남과 여. 재충전 시간을 갖게 된 남자와 여자는 어떠한 모습으로 꿀처럼 달콤한 휴식 시간을 보내게 될까?

집에서 휴식을 취하고 있는 남자를 떠올리면 대부분 TV리모컨을 손에 쥔 채 소파와 한 몸이 되어 파자마 바람으로 누워 있는 모습일 것이다.
우리의 생각이 이렇게 비슷하게 일치하는 데에는 남자들의 이러한 현상이 실생활에서 그대로 나타나기 때문이다.

실제로 남자들은 스트레스를 해소하기 위해 테스토스테론(Testoster-one)이라는 호르몬을 분비하는데 이 호르몬은 근육을 이완시키고 두뇌를 가동하지 않은 채 온전히 쉼을 취할 때 분비된다고 한다.

　이같이 왕성한 테스토스테론 호르몬의 분비로 남자들은 스트레스를 해소할 수 있는 상황을 찾게 된다. 그 상황이 바로 남자들에게는 '멍을 때린 채 TV 채널을 돌려가며' 육체와 뇌를 쉬게 하는 것이다.

　이러한 상황에서 여자가 문제 보따리를 풀어 놓는 것은 현명하지 않은 행동이다. 남자에게는 어떠한 책임도 지지 않은 채 그야말로 온전한 쉼을 가질 수 있는 시간이 절대적으로 필요하기 때문이다.

　그래서일까? 남자들은 다른 건 몰라도 TV 화면만은 유독 큰 것을 선호하는 경향이 강하다. 아마도 위축된 자신감을 회복하고 자신들의 스트레스 지수를 낮추는 데 큰 TV 화면이 도움이 된다는 무의식적 욕망이 표출된 것일 수 있다.

　그런 생각 속에서 옆에 있는 남자를 보면 갑자기 짠해지지 않는가?

　이처럼 남자들이 퇴근 후 집으로 돌아와 TV 리모콘을 자기 몸처럼 소중히 여기고 소파와 한 몸이 되는 현상은 날 때부터 지니고 태어난 남자들의 DNA가 작용하기 때문이다. 따라서 옆에 있는 사람은 이들의 게으른 행동을 탓하기보다 남자에게 반드시 필요한 필수불가결한 요소임을 순순히 받아들이고 존중해 주어야 한다.

　그러나 실제 상황은 어떠할까?
　여성들은 자신들과는 애초에 다르게 태어난 남성들의 심리를 도무지 이해할 수 없다. 편히 쉬고 있는 남자에게 날카롭고 공격적인 말폭탄을 던지기 시작한다. 두 사람이 말을 주고받는 대화 형식이 아니라, 일방적으로 말을 쏟아내는 One Way 스피치를 시작하는 것이다.

" 아예 TV를 껴안고 살지 그래?"
"그냥 소파와 한 몸이 돼서 살아라!"
"에효, 지겹다 지겨워! 저 꼴 보기 싫어서라도 내가 텔레비전을 갖다 버리던지 해야지 정말."
"텔레비전을 보는 거야 마는 거야?? 볼 거면 집중해서 한 채널만 고정 놓고 봐 . 여기 돌렸다 저기 돌렸다 정신 사납게 하지 말고!"
"자기는 나랑 할 말이 그렇게 없어? 아님 아예 말을 섞기가 싫은 거야? 왜 매일 집에만 오면 TV 속으로 들어 가?"

등등. 여자들은 도무지 남자들의 이러한 행동이 이해가 되지 않아 어이없는 표정을 지으며 꼴도 보기 싫다는 듯 냉소적인 목소리로 남자의 휴식을 방해한다.

만일 이러한 상황을 접하기 전에 여성들이 날 때부터 다른 남성들의 DNA 습성에 대해 정확하게 파악하고 인정했더라면, 아마도 꿀 휴식을 취하고 있는 자신의 반려자에게 공격적인 스피치로 싸움을 걸지는 않았을 것이다.

그렇다면 이제 남성들이 휴식을 취하는 방법을 이해했으니 여성들이 어떠한 말과 행동으로 그에게 다가가는 것이 현명한 것인지에 대해 알아보자.

필자는 남성이 아닌 이유로 주변에 이러한 습성을 갖고 있는 뭇 남성들에게 이와 같은 상황에 처했을 때 여성의 어떠한 대처가 자신의 마음을 사로잡을 것인지를 물어보았다.

그랬더니 열의 아홉은 '많은 말 대신 한 마디의 권유'가 감동으로 다가온다고 대답했다.

그것은 비행기 안에서 조용히 쉬고 있을 때, 예쁜 미소를 띤 승무원이 다가와 건네는 상냥한 한마디와 같다고 생각하면 된다.

"Would you like to some coffee?"

그렇다. 꿀 휴식 중인 상대에게 다가가 여러 이야기를 하며 피곤하게 또다시 번잡한 일상 속으로 데려 갈 것이 아니라, "커피 한잔 타 줄까요?"와 같은 상냥한 한 마디를 던지는 것이 중요하다.

그를 더 편안한 상태, 더 깊은 휴식의 상태로 안내하는 것이, 상대에게 더 진한 고마움과 감동을 느끼게 한다. 때론 백 마디의 말보다 짧은 말 한 마디가 진한 감동을 주는 것처럼.

그러니 여자들이여, 앞으로 집안에서 남자들의 이러한 쉬는 시간을 한심하게 여기며 방해하는 공격적인 대화 시도는 오늘로서 끝내고 상냥한 목소리로 차 한 잔을 권유하는 아량을 베풀자. 둘 사이에 달콤한 휴식만

큼이나 꿀 같은 사랑이 샘솟게 될 것이다.

그렇다면 여자들은 무엇을 하며 자신만의 충전 시간을 달콤하게 보내고 있을까?

만일 이와 같은 질문이 당신의 머릿속에 수도 없이 많은 여러 장면들로 지나간다면 당신은 여자들을 잘 이해하고 있는 편이라고 말하고 싶다.

여자들의 충전 시간은 남자들처럼 심플하게 하나의 상황을 통해서만 나타나지 않는다.

좀 더 자세히 풀어보자.

여자는 남자와는 다르게 스트레스를 해소하기 위해 옥시토신(Oxytocin)이라는 호르몬을 분비한다.

　남자의 경우에는 스트레스 해소를 위해 테스토스테론 호르몬이 분비되고, 이 호르몬 수치가 오르면 스트레스 수치가 낮아지지만, 여자의 경우에는 옥시토신 호르몬이 배출되어 그 수치가 오르게 되면 스트레스 수치가 낮아진다.

　이처럼 날 때부터 다른 남녀의 호르몬 영향을 이해하지 않고서는 남녀 간의 다름을 이해하기 힘들다.

　옥시토신 호르몬은 배려, 도움, 보살핌이 이뤄지는 상황에서 더욱 촉진되기 때문에 여성들의 충전 시간은 비단 하나의 상황으로 몰아가기 어려운 측면이 있다.

　대부분의 여성들은 일과를 마치고 집으로 돌아와 자신만의 휴식 시간을 갖게 되면 모든 걸 내려두고 온전히 쉼을 택하는 남자들과는 달리 또 다른 일(?)을 찾아 자신을 쉼 없이 가동한다.

　그러나 한 가지 주목할 점은 여기서의 '일'이란 노동을 뜻하는 것이 아니라, 스트레스 해소를 위해 분비되는 옥시토신 호르몬 분비를 촉진하기 위한 일종의 '보상'과도 같은 일을 말한다.

　그렇다면 여자들에게 있어 '보상'과도 같은 의미의 '일'은 어떤 것일까?

　하루 종일 집 밖에서 일을 하고 돌아와 집에서는 번아웃되어 쓰러지는 남자들은 이해조차 할 수 없는 여자들만의 행동들이 있다.

"자기 오늘 하루는 어땠어? 나는 또라이 OO 상사가 하루 종일 괴롭혀서 정말이지 짜증나서 살 수가 없었어."

"글쎄 오늘 동료랑 점심에 중국집에 갔는데 그 집 메뉴가 새로 바뀐 거 있지? 아마도 주방장이 바뀌었나 봐. 맛도 달라졌어. 그래서 그런가? 가격도 올랐더라고."

"아~ 맞다 맞다! 내 대학 친구 OO 알지? 걔가 드디어 시집을 간대. 기지배~ 평생 혼자 살 것처럼 독신녀 행세하더니 지도 별 수 없는지 결국 가긴 가네."

등등. 도무지 언제 가야 끝날 지 알 수 없는 이야기들을 여자들은 끊임없이 쏟아낸다.

심지어 그녀들은 듣고 있는 상대와는 전혀 무관한 이야기조차도 어떠한 거리낌 없이, 그리고 지친 기색도 없이 쉼 없이 이야기하려 한다.

남자들이 이해할 수 없는 그녀들의 충전 시간은 이것으로 끝이 아니다. 그녀들은 자신의 SNS 속에서도 끊임없이 자신에 대해 이야기하고 타인의 이야기를 들으려 한다.

오늘 찍은 자신의 셀카를 비롯해서 남에게 보여주고 싶은 소소한 일상들을 업데이트하며 자신의 이야기를 풀어놓고, 그 이야기에 반응을 보이는 수많은 댓글에 화답하는 등 누군가와 끊임없이 대화를 나누는 상황을 연출한다.

여기에 쉴 새 없이 오가는 카톡 메시지, 친구나 동료와의 전화 통화 등 여자들의 충전 시간은 온전히 본인의 쉼을 위한 시간이 아닌, 또 다른 노동 창출의 시간과도 같아 보인다.

그러나 분명한 것은 이 같은 노동을 통해 옥시토신 호르몬 촉진이 활발해지고 이 수치가 올라감으로써 여자들의 스트레스 지수는 한결 낮아지게 된다.

왜 그런 현상이 나타나는 것일까? 여자들은 이 같은 활동을 통해 자신의 존재감을 확인하기 때문이다. 자신은 충분히 배려 받고 있고, 누군가에게 보살핌을 받고 있다는 것을 확인하기 위해 같은 이야기를 주변 사람들에게 여러 번 반복해서 재탕한다. 이것이 스트레스를 날려 줄 힘의 원천이기에.

그러나 이 같은 상황을 맞닥뜨린 남자들은 어떤 반응을 보이는가. 날 때부터 여자와는 다른 DNA를 가진 남자들은 여자들의 끝도 없는 수다에 진절머리가 난다는 듯한 표정으로 여자에게 일침을 놓는다.

"이야, 넌 지치지도 않냐, 그 얘기를 지금 몇 번째 하는 줄 알아?"
"아니 이제껏 만나고 왔으면서 전화로 또 무슨 할 말이 그렇게 많아? 적당히 하고 끊어."
"피곤한데 다음에 들으면 안 될까? 나 머릿속이 너무 복잡해서 그래."

이처럼 여자들의 휴식에 찬 물을 끼얹는 말을 잘도 뽑아내서 생각도 없이 내뱉는다.

그렇다면 상대의 이러한 반응에 여자들은 어떤 마음이 들까?

'이 사람은 내게 관심조차 없구나.' 하는 생각과 함께 외로움을 느끼게 된다. 이 생각은 더 확대되어 자신이 이 집에 왜 필요한 것인지 존재 자체에 회의를 느끼고 좌절감마저 갖게 된다. 그러니 사소한 다툼이 있었던 다음 날 아침 밥상을 차려주지 않았다고 해서, 혹은 출근할 때 입고 가야 할 속옷이나 셔츠가 준비되지 않았다고 해서 절대로 짜증을 내거나 화를 돋구어서는 안 된다. 어젯밤 내가 '삶의 이유가 담긴 그녀만의 충전 시간'을 송두리째 앗아간 데에 대한 대가성 희생임을 인정하고 받아들여야 한다.

왜냐하면 누군가에게 자신의 이야기를 하고 그 이야기에 대한 반응을 살피는 과정 자체가 여자들에게 있어서는 매우 중요하다. 그런데 관심인 동시에 격려이자 삶의 이유가 되는 아주 중요한 충전 시간을 상대가 피곤하다고 해서, 듣기 싫다고 해서 방해하면 그 앙금이 다시 스트레스로 작용한다.

그러니 남자들이여, 집에 돌아와 아무리 피곤에 지쳐 쓰러져 잠들고 싶더라도 여자들의 쏟아지는 질문과 이야기를 귀찮아하지 말고 '이 사람이 나에게 관심을 갖고 있구나.', 내게 이해를 받고 싶구나.'라는 생각을 조금이라도 가지고 그녀의 질문에 살갑게 대답해 주기 바란다.

"아, 정말? 그랬어? 오늘 당신에게 그런 일이 있었구나."
"뭐 그런 놈들이 다 있어. 당신 참 열 받았겠네. 잘 참았어. 나라면 못

참았을 텐데…."

"우리 애들이 당신 닮았나 봐. 그런 거 잘하는 거 보면."

"머리 새로 했어? 훨씬 어려보이고 예쁘네." 등 충분한 리액션으로 여자의 말에 공감해 주고 반응해 준다면 그 어떤 비싼 명품 선물보다 더 큰 감동을 줄 것이다.

모든 인간관계가 그렇지만 특히 남녀 관계에서는 소소한 사건이 빌미가 되어 큰 문제로 확대되는 경우가 많다. 따라서 일상생활 속에서 상대를 배려하는 사소한 말 한마디가 사랑을 키우는 증폭제가 된다는 사실을 잊지 않기 바란다.

남과 여, 서로의 보이지 않는 사각지대를 이해하라!

어릴 적 아버지가 운전하는 차를 타고 어딘가로 떠날 때마다 들었던 생각은 '아빠는 어떻게 지도책을 보고 길을 잘 찾아갈까?' 하는 것이었다.

당시에는 요즘 흔히 볼 수 있는 내비게이션이 없었던 시절이라 낯선 길을 찾아가기 위해서는 지도책이 필수였다. 때문에 낯선 곳으로 여행을 떠날 때에는 갓길에 차를 세워놓고 지도를 펼쳐 행선지로 가는 길을 찾는 아버지의 모습을 어렵지 않게 볼 수 있었다.

당시 어린 아이었던 내 눈에는 지도를 보며 길을 찾아가는 아빠의 모습이 그렇게 멋져 보이고 신기해 보일 수가 없었지만 성인이 되면서 깨달은 사실은 웬만한 남자들은 모두 지도를 잘 읽을 줄 안다는 것이다.

그와는 반대로 어머니가 운전하는 차를 타고 어딘가를 갈 때면 늘 창

문을 열고 지나가던 사람들에게 목적지를 물어물어 가던 어머니의 모습을 심심치 않게 볼 수 있었다. 그때 들었던 생각은 '왜 엄마는 아빠처럼 지도를 보지 않고 귀찮게 다른 사람들에게 물어보면서 길을 가는 것일까?'라는 생각이었다. 이 역시도 성인이 되면서 '당시 엄마는 지도를 안 보는 것이 아니라 못 보는 것이었구나.'라는 사실을 깨닫게 했다.

친절하고 상세히 안내해 주는 내비게이션 속 지도도 제대로 읽지 못하고 우왕좌왕하는 나의 모습 속에서 지도를 무시한 채 사람들에게 물어가면서 길을 가는 엄마의 모습이 비춰졌기 때문이다.

남녀 모두 똑같은 지도를 가질 수는 있어도 그 지도를 해석하는 능력이 같기를 기대해서는 안 된다.

지도를 잘 읽을 줄 아는 어떤 이에겐 제대로 목적지에 도달할 수 있게 길을 찾게 해주는 고마운 지도가, 지도를 읽지 못하는 사람에겐 도무지 알 수 없는 부호들로 가득한 3차원의 그림판으로 다가온다.

지도를 잘 읽는 남자들에게는 친절한 길 안내도인 지도가 그것을 읽지 못하는 여자들에게는 혼란을 가중시키는 도면일 뿐이다.

지도를 잘 읽는 남자와 그렇지 않은 여자. 이와 같은 상황만 놓고 본다면 남자가 여자보다 조금 더 우월한 존재라고 생각될 수도 있을 것이다. 그럼 내친 김에 이와 같이 남자의 우월성을 입증할 수 있는 사례를 하나만 더 들어보겠다.

주차를 하는데 있어서도 남자의 우월성은 돋보이기 마련이다. 남자들은 주차를 한두 번 만에 완벽하게 끝내는 반면, 여자들은 핸들을 이리 돌리고 저리 돌리고 뒤로 갔다 앞으로 갔다 다시 뺐다를 반복한다. 세월아 네월아 주차를 하고도 완벽하게 선 안에 집어넣지 못해 다시 창문을 내리고 고개를 내밀어 직접 선을 봐가며 주차를 한다. 물론 남자임에도 주차에 능하지 못한 사람도 있고, 여자임에도 단칼에 주차를 끝내는 프로 드라이버들도 많다. 다만 여기서 이야기하는 것은 확률에 근거한 것이므로 오해 없기를 바란다.

이와 같이 두 경우만을 놓고 남자와 여자의 차이를 비교해 보더라도 남자들은 공간지각 능력이 뛰어나지만 여자들은 그렇지 못하다. 실제의 연구 결과에서도 감각을 통해 3차원 공간의 구조와 사물 간의 위치 관계를 파악하는 능력을 의미하는 공간지각 능력이 여성에 비해 남성이 월등히 깃으로 나타났다.

그러나 남자들이 공간지각 능력이 뛰어나다고 해서 모든 것에서 그 능력이 빛을 발하지는 않는다.

우리 집의 경우 어릴 적부터 필자가 직접 보아 온 아빠의 아이러니한 행동이 이를 잘 증명해 준다.

나는 어린 시절 "여보, 냉장고에 우유 있으니 꺼내서 지희 좀 데워 주세요."라는 엄마의 부탁에 아빠가 한번도 제대로 해주는 것을 본 적이 없다. 당시 어린 나의 눈에 비친 아빠의 행동은 참으로 이해가 되지 않았다. 그도 그럴 것이 아빠는 아주 열심히 열심히 냉장고 속을 들여다보며 우유를 찾지만 발견하지 못하고 우두커니 서 있곤 했다.

결국 냉장고 속 우유는 엄마의 손을 통해 꺼내어졌고 이와 유사한 일이 반복되자 아빠는 눈앞에 바로 보이는 물건조차 찾지 못하는 남자로 낙인찍히고 말았다.

참으로 아이러니한 것은 공간지각 능력이 뛰어난 남자라면 아빠는 냉장고라는 공간에서 우유를 잘 찾아야 마땅한데 왜 그렇게도 우유를 찾지 못한 것일까?

재미난 사실 하나는 냉장고 속 우유를 찾지 못하는 남자가 비단 우리 아빠만이 아니라는 것이다. 결혼 후 필자의 남편 또한 데칼코마니처럼 아빠와 같은 모습을 보였다.

그렇다면 남자들은 왜 냉장고 속에서 우유를 찾아내지 못하는가!

나는 남자들의 이 같은 현상이 공간지각 능력과는 다른 '시야의 문제'라는 사실을 대학의 교양과목 수업을 통해 알게 되었다.

내가 배운 이론에 따르면 여자는 남자에 비해 넓은 시야를 가졌기 때문에 복잡한 냉장고 속이나 옷장 속에서도 자신이 원하는 물건을 단번에 척하고 찾아낼 수 있다. 하지만 남자들은 그에 비해 좁은 시야를 가졌기 때문에 여러 가지 음식들이 들어 있는 냉장고 속에서 작은 우유팩 하나를 찾는 것이 어렵다. 그 물건이 그 물건 같아 보이는 일명 '서울에서 김서방 찾기'와 같은 어려운 난이도의 문제였던 것이다.

그렇다면 왜 남자들의 시야는 여자들에 비해 좁은 편일까?

남자의 두뇌는 시야의 범위를 좁혀서 한 가지 물건에 집중할 수 있도록 설계되어 있기 때문이다. 이런 DNA가 남자들이 여자들보다 사냥을 더욱 잘하도록 만들었다.

이러한 남녀 간의 시야 차이는 남자들이 조금 더 우월하다고 생각되는 운전에서도 그 차이가 확연히 드러난다.

한 자동차 보험 회사의 조사 결과에 따르면 여성 운전자는 넓은 주변 시야로 인해 옆에서 다가오는 차를 더 잘 볼 수 있어 자동차의 측면을 받히는 일이 남성 운전자에 비해 적다고 한다. 그러나 주차를 잘 하지 못해 생기는 자동차의 앞면이나 후면을 긁히는 일은 남성 운전자에 비해 더 높다고 하니, 공간지각 능력은 확실히 남자가 앞서지만 시야 확보에 있어서는 여성이 남성을 앞선다는 사실이 입증되는 셈이다.

지금까지 설명한 여러 상황들을 통해 알 수 있듯이 남자와 여자, 여자와 남자에게는 각각 보이지 않는 사각지대가 존재한다. 이처럼 남녀 모두에게 존재하는 서로 다른 사각지대는 말 그대로 눈으로는 식별할 수 없는 보이지 않는 영역이기에 주위에 경고나 알림이 필요하다.

그런데 이 사각지대를 두고 서로 눈에 불을 켜고 아옹다옹 실랑이를 벌이며 서로를 탓하고 책임을 묻는 데서 문제가 발생한다. 보이지 않는 영역으로 인해 서로 간에 충돌이 생겼다면 그것은 쌍방과실이기 이전에 남녀의 형질 차이를 이해하지 못한 자신의 책임이라는 것을 먼저 인정하길 바란다.

남녀 모두 서로에게 어떠한 사각지대가 존재하는지 면밀히 관찰하고 문제가 생기기 이전에 세심하게 신경을 써야 한다. 그리고 만일 그 사각지대를 발견했다면 관측 가능한 각도로 바꿀 수 있게 그 지대를 옮기는 작업 역시 필요하다.

"나는 이러이러한 일은 잘하지 못하니 이해해 줬으면 좋겠다."

"나는 이런 점에서 조금 취약하니 미리 알아두면 좋을 것 같다."라고 미리 상대에게 자신의 사각지대를 드러내고 양해를 구하는 것이 좋다.

이는 하나의 알림이나 경고에 해당되며, 상대는 이러한 알림을 통해 사각지대를 미리 감지하고 무사히 피해갈 수 있다. 적어도 서로 다른 사각지대로 인한 큰 충돌은 피할 수 있게 되는 것이다.

이 책을 읽는 남자들이여! 앞으로는 여자들에게 길을 묻거나 지도를 보며 방향을 알려달라는 이야기를 하지 않기를 바란다.

또한 여자들이 주차하는 데 있어 어려움을 겪고 있는 모습을 한심하게 생각하지 않고 당연히 그럴 수 있는 일이라고 이해하고 점점 잘할 수 있을 것이라고 믿어주기를 바란다.

한편 이 책을 읽은 여자들이여! 남자들에게 있어 냉장고 속 음식을 찾는 일이 본인들처럼 쉽다고 생각하지 않기를 바란다.

그리고 뭔가를 찾아오라고 시켰을 때 '왜 그것도 하나 못 찾냐'고 무능하게 바라보며 비난하지 않기를 바란다.

남자와 여자라는 극명하게 다른 DNA의 차이를 이해하기 시작하면 서로를 탓하고 비난하는 횟수는 지금보다 훨씬 더 줄어들 것이다.

더불어 서로의 부족함을 채워주는 협력자가 된다면 지금보다 훨씬 더 긍정적인 관계로 발전할 수 있다. 이것이야말로 남과 여 서로 간의 보이지 않는 사각지대를 없애는 비밀 무기라는 사실을 잊지 않기 바란다.

소통을 잘하려면 세 가지 경청 기술을 익혀라!

흔히 달변가라 불리는 사람들은 굉장히 많은 말을 하고 그 말들이 모두 백과사전처럼 풍부한 지식을 토대로 한 것이라고 생각하기 쉽다. 그러나 말을 잘하기로 소문난 스피치 대가들의 가장 큰 공통점은 자신이 말을 많이 하기보다 남의 말을 더 잘 들어준다는 것이다.

말하는 입만 가지고 있고 듣는 귀가 없는 사람은 소통 단절의 원인 제공자이다. 소통을 잘하기 위해서는 입을 바삐 움직이기보다는 귀를 크게 열어 두어야 한다.

잘 들어주는 것! 이것이 소통을 원활하게 만드는 커뮤니케이션의 공공연한 진리이다. 그리고 우리는 이 들음을 경청(傾聽)이라 일컫는다. 경청은 기울경, 들을청이란 한자어에서도 알 수 있듯이, 남의 이야기를 귀 기울여 들어주는 것을 의미한다.

요즘 같이 바쁘고 할 일 많은 세상에서 남의 이야기를, 그것도 귀 기울여 들어준다는 것은 생각보다 쉽지 않은 일이다.

경청은 이야기를 그냥 아무 생각 없이 흘려듣는 것이 아니라, 온 신경을 집중해서 적극적으로 듣는다는 것을 의미하기 때문이다.

내가 스피치 교육원을 운영하면서 알게 된 한 가지 놀라운 사실은 바로 대다수의 사람들이 듣는 것에 대해 상당히 많은 착각을 하고 있다는 점이었다. 필자는 수업을 들으러 온 수강생들에게 수업 첫 시간 항상 물어보는 것이 있다. 그것은 바로 '자신이 가장 잘할 수 있는 일'이나 '본인의 특기'를 물어보는 것이다.

그런데 재미난 건 이 물음에 대한 답변으로 꽤 많은 이들이 "저는 말을 하는 건 잘 못해도, 들어주는 것은 자신 있습니다."라고 대답하거나, "제 특기는 남의 이야기를 잘 들어주는 것입니다."라고 이야기하며 자신이 들어주는 것에는 일가견이 있다고 하나 같이 오해와 착각을 하고 있는 것이었다.

그렇다면 이와 같이 답변하는 이들에 대해 왜 필자는 그들의 답변이 오해와 착각이라고 단정 지어 말하고 있는 것일까?

그것은 듣는 사람의 태도 때문이다. 이러한 답변을 한 수강생들은 물론이고 주변의 많은 사람들을 보았을 때 사람들은 '듣기'에 있어 매우 수동적인 태도를 보인다.

필자가 경청에 관한 강의를 할 때 청중들에게 꼭 해주는 '듣기'에 대한 두 가지 이야기가 있다.

하나는 수동적 듣기이고 다른 하나는 능동적 듣기이다.

수동적 듣기와 능동적 듣기. 결국엔 두 가지 방법 다 듣기는 듣는 거다. 그러나 어떻게 듣느냐에 따라 태도가 확연히 다르다. 조금 더 이해하기 쉽게 설명해 보겠다.

우리는 일상생활을 하면서 귀를 늘 열어 놓은 채로 지낸다. 아침에 나를 깨우는 알람소리며, 째깍째깍 돌아가는 시계의 초침 소리, 그리고 샤워기에서 또로록 또로록 한 방울씩 떨어지는 물소리, 지나가는 차들이 내는 클랙슨 소리 등 우리는 하루에도 매우 다양한 소리들에 노출되어 있다. 귀를 놀리지 않고 늘 열어놓은 채로 생활하는 것이다.

그러나 방금 나열한 이들 소리 가운데 나 자신이 원해서 듣는 소리는 어쩔 수 없이 출근을 해야 해서 내 의지로 맞춰 놓은 알람소리 정도에 불과하다.

그렇다면 나머지 소리들은 무엇 때문에 들었을까? 그 소리들은 들은 것이 아니라 들린 것이다. 즉 들으려고 하지 않아도 자연스럽게 들리는 Hearing에 가까운 들음이다.

우리는 위와 같은 소리들을 귀 기울여 듣지 않는다. 때문에 그 소리들을 경청이라고 이야기하지 않는다. 그냥 들리는 소리이기 때문에 우리는 무심코 듣고 있을 뿐이다.

자! 바로 여기에서 자신이 잘 들어준다고 이야기 한 사람들의 오해와 착각이 생겨나는 것이다. 누군가 이야기하면 잘 듣는 것=들리는 것. 들어주는 것=귀 기울여 들어주는 것. 바로 이러한 차이가 진정한 들음의 의미를 오해하고 있는 것이다.

이야기를 들어줄 수는 있다. 그러나 듣고 있는 척하면서 딴 생각을 하거나, 흘려들으면서 열심히 듣는 척을 하는 듣기의 수동적 태도는 진정한 경청이 아니다. 진정한 경청은 바로 Listening이다. 집중하며 듣는 것. 이것이야말로 상대를 배려하며 듣는 자기표현이다.

그러나 이야기를 하는 직업인 필자도 듣는 것에 약하다고 느낄 때가 참으로 많다. 듣기는 하되 내가 원하는 이야기만 듣는 자체 필터링을 나도 모르게 하며 이야기를 듣고 있다고 느꼈기 때문이다.

그 예가 바로 상대가 나에게 한 이야기가 전혀 새로운 이야기처럼 여겨지거나, 중요하다고 몇 번을 이야기했다고 하는데, 나는 언제 그런 이야기를 했는지조차 기억을 못할 때 나 스스로가 상대의 이야기를 놓칠 때가 많다는 것을 반성하게 된다.

이와 같이 사람들은 기본적으로 상대가 이야기를 하면 자신이 듣고 싶은 말만을 필터링해서 듣는 습성을 가지고 있다. 따라서 남의 말을 귀 기울여 듣는 것도 고도의 기술과 훈련이 필요하다는 사실을 인지해야 한다.

그렇다면 상호 관계를 진전시켜주는 경청을 잘하기 위한 경청기술에는 어떠한 것들이 있는지 한번 살펴보자.

첫 번째 경청 기술은 '공감하며 듣기'이다.

상대의 이야기가 나와는 전혀 무관한 이야기라 하더라도, 심지어 그 이야기가 지금까지 열 번이 넘도록 들어 온 지루하기 짝이 없는 이야기일지라도 상대의 이야기를 듣는 동안에는 상대의 입장이 되어 공감하며 들어주어야 한다.

이야기를 하는 사람은 상대가 자신의 이야기를 잘 들어주고 있는지에 대한 여부를 상대가 보여주는 리액션으로 가늠한다.

따라서 상대방이 어떤 이야기를 할 때에는 반드시 말과 행동으로 상대의 말에 공감하고 있다는 의사 표현을 해야 한다.

"그랬구나, 나라도 그 상황이면 무척 화가 났을 텐데, 너 참 힘들었겠다."

"어머나 그런 일이 있었니? 나라면 그렇게 못 했을 텐데, 너 진짜 대단하다."라며, 상대의 말을 잘 들어주고 있다는 반응을 보여야 한다. 이때 중요한 점은 내 입장이 아닌 상대의 입장이 되어 공감을 표해야 한다는 것이다.

두 번째 경청 기술은 '호응하며 듣기'이다.

이는 맞장구와는 조금 다른 개념이며, 상대방이 이야기를 하면 흥이 나도록 장단을 쳐주는 것이다.

예를 들어 "내가 지난주에 소개팅을 했는데, 완전 내 스타일의 남자가 나온 거야."라고 친구가 이야기를 했다면, "정말? 웬일이니! 그래서 어떻게 됐어? 에프터 신청은 들어왔어?" 등의 말로 관심을 갖고 호응을 해주어야 상대방은 더 흥이 나서 이야기꽃을 피우게 된다. 만일 친구가 이런 이야기를 할 때 "그랬구나."라고 시큰둥한 반응을 보인다면, 그 친구는 은연중에 상대에게 서운함을 느끼게 되고, 더불어 뒤에 준비했던 꼬리를 무는 다른 이야기들조차도 생략하고 말 것이다.

이러한 호응은 사실 남녀와 같은 이성 사이에서보다 동성 사이에 더 잘 표현하게 된다. 아마도 서로가 서로를 너무나 잘 이해하고 같은 입장이기 때문일 것이다. 그러나 남녀 사이에서도 호응하며 들어주는 것은 반드시 필요하고 또 중요한 부분이다. 가령 "자기야, 자기야~ 나 오늘 머리 했다!"라고 신이 나서 이야기하는 여자친구에게 "그래~? 몰랐네." 라고 시큰둥하게 반응을 보이는 남자친구가 과연 사랑스러울까? 아마도 그 여자친구는 다시는 남자친구에게 애교 섞인 말투로 말을 걸고 싶지 않을 것이다.

이럴 때 호응하며 경청하는 스킬을 그 남자친구가 알았더라면, "오구구~ 우리 여자친구 머리해써용~ 오구 이쁘다."라며 상대가 기대하는 호응을 해주며 적극적으로 듣기를 실천한다면 아마도 사랑이 샘솟는 연애를 하고 있을 것이다.

이러한 경청 스킬은 비즈니스 관계에서도 없어서는 안 될 꼭 필요한 소통 도구이다. 클라이언트를 만나 대화를 나누고 있는데, 일방적으로 나 혼자만 이야기 하는 듯한 느낌을 상대가 받게 된다면 그 잘못은 누구에게 있는 것일까? 물론 혼자 주저리주저리 떠들어 댄 화자(이야기를 하는 사람)도 자신을 돌아봐야 하겠지만, 화자가 이야기를 할 때 돌부처처럼 앉아서 '이야기를 듣고는 있는 거야? 대체 무슨 생각인 거야?' 라는 의구심을 들게 한 청자(이야기를 듣는 사람)의 행동에 더 큰 잘못이 있다.

따라서 비즈니스에서도 커뮤니케이션을 할 때 반드시 상대가 이야기를 하는 동안에는 '나는 당신의 이야기 잘 듣고 있어요.'라는 신호로, 호응을 하는 경청 태도를 보여주어야 한다. 그것이 말을 하고 있는 상대를 안심시키는 경청의 올바른 태도이다. 한번의 잘못된 호응으로 오해의 틈이 생기게 되면 그 틈을 다시 메우는 데는 엄청난 노력이 필요하게 된다. 따라서 오해의 소지가 생기지 않도록 상대의 이야기를 듣는 동안에는 항상 호응할 채비를 하고 있어야 한다는 사실을 명심하자.

세 번째 경청 기술은 '적극적인 자세로 듣기'이다.

상대의 이야기에 호의적인 사람은 듣는 태도부터 다르다. 그렇기 때문에 이야기를 하는 화자는 그 태도를 지켜보며 상대방이 나의 이야기에 귀를 기울이고 있는지 아닌지를 단번에 알아차릴 수 있다. 상대의 이야기에 진심으로 귀를 기울이는 사람은 그의 말을 보다 잘 듣기 위해 몸을 앞으로 기울이는 자세를 취하며, 실제로 상대의 이야기를 심취해서 듣고 있으면 일부러 연출하지 않아도 본인도 모르게 몸이 상대방을 향해 기울게 된다는 것을 제대로 경청을 해본 사람은 알 것이다.

이는 상대의 이야기를 더 가까이에서 듣기 위해 자신도 모르게 상대방 쪽으로 몸이 향하기 때문이다.

반대로 상대의 이야기에 무관심한 사람은 자신도 모르는 사이에 방관자적인 태도를 취하게 된다. 가령 지나치게 편안한 자세로 등받이에 드러눕듯이 기대거나, 다리를 꼬고 팔짱을 낀 채로 거만하게 앉는 자세 등을 보이는 것이다.

이러한 몸짓 언어는 이야기를 하는 화자의 입장에서 자신의 이야기에 귀를 기울이지 않고 싶다는 의사 표현처럼 받아들일 수 있다.

따라서 상대방의 이야기를 들을 때에는 나의 듣는 몸짓 태도에 주의를 기울이며 적극적인 태도를 보여야 한다.

예를 들어 상대방과 눈 마주치며 듣기, 고개를 끄덕이며 듣기, 즐거운 순간에는 박수치며 호탕하게 웃기, 안 좋은 이야기는 함께 미간을 찌푸리며 걱정스러움을 담은 표정으로 들어주기 등 상대의 이야기를 표정을 살려 온몸으로 경청하는 습관을 들이자.

자세는 본인이 어떤 마음을 먹느냐에 따른 마음가짐에서 비롯된다.

소통의 기본은 듣기이고, 듣기의 기본은 마음가짐이다. 따라서 상대방의 이야기를 귀 기울여 들을 때에는 적극적인 마음가짐을 갖고 자신이 보여줄 수 있는 최선의 몸짓 언어를 다해 경청의 의지를 보이도록 하자.

공자는 "말을 배우는 데는 2년이 걸리지만, 침묵을 배우는 데는 60년이 걸린다."고 이야기했다. 그만큼 말에 있어 절제가 어렵다는 뜻이다. 사람의 입이 하나고, 귀가 두 개인 이유가 무엇이겠는가.

말하기보다 듣기에 최선을 다하라. 그것이 서로의 소통 온도를 올려주는 비결이다.

협상의 법칙은
홈쇼핑 채널에서 배워라!

영업 스피치의 핵심은 당신이 하고 싶은 이야기를 하는 것이 아니라, 상대가 듣고 싶어 하는 이야기를 하는 것이다. 즉 상대가 가려워하는 부위를 긁어주는 이야기를 해야 한다.

이것이야말로 나를 오늘의 만년 대리에서 내일의 과장으로 승진시켜줄 영업 스피치의 핵심 중 핵심이다.

그렇다면 도대체 상대가 듣고 싶어 하는, 소위 말해 그들에게 먹히는 이야기는 과연 어떤 것일까?

영업 스피치에서 필요한 스토리는 우리 회사 혹은 내가 판매하고자 하는 제품들이 클라이언트의 입장에서 볼 때 어떤 좋은 점을 가지고 있는지, 또 어떤 혜택이 있는지에 대해 먼저 어필하는 것이 핵심 포인트다.

그러나 세일즈 스피치 교육에서 실제 롤플레잉을 통해 그들이 하고 있는 방식의 영업 스피치를 들어보면 안타깝게도 대부분의 영업자들이 자신의 입장에서 자기가 하고 싶은 이야기를 먼저 하는 모습을 발견하게 된다.

그것을 예로 한번 들어보자. A라는 세일즈맨이 B라는 회사의 구매팀 담당자를 찾아가서 한 말을 살펴보자.
"저희 회사는 이 제품을 만들기 위해 엄청난 노력을 했습니다. 저희 연구소 직원들이 1년 넘게 밤을 세워가면서 공들여 만들어낸 제품이고요. 또 이 제품 개발에 어마어마한 비용을 투자했습니다. 놀라지 마십시오. 바로 OOO억 원입니다. 그만큼 값어치가 있는 제품입니다."

자, 위와 같은 스피치 방법으로 자신이 판매해야 하는 제품을 세일즈한 A 사원은 이 딜에 성공할 수 있었을까?
성공 여부는 굳이 이야기하지 않아도 불 보듯 뻔하다. 왜일까? A가 B를 설득하기 위해 선택한 화법은 스피치 전문가가 아닌 그 누가 보더라도 별로 설득력 있어 보이지 않는다.
왜 그럴까? 우선 A라는 세일즈맨은 자신의 회사가 만들어낸 그 제품이 얼마나 좋은 제품인지를 상대의 입장이 아닌 자사의 입장에서 설명을 시작했기 때문이다.

이 제품이 만들어지기까지 자신의 회사 직원들이 얼마만큼 노력했는지를 먼저 내세웠다. 그러나 미안하게도 B라는 거래처 직원은 A의 회사 직원이 아니다. 엄밀히 말해 B라는 거래처 직원은 A의 회사 직원이 그 제품을 만들기 위해 한 시간을 공들였는지 백 시간을 공들였는지에 대한 관심이 1도 없다.

B는 오직 이 제품을 우리 회사가 구매했을 때 미치는 영향력이나 우리 회사가 누릴 수 있는 베네핏이 어느 정도인가만 궁금할 뿐이다. 아울러 A라는 세일즈맨이 주장한 이 제품에 투자한 어마어마한 비용 또한 B라는 거래처 담당자에겐 큰 의미가 없다. B에겐 자신의 회사가 지불해야 할 금액의 단위만이 중요하기 때문이다.

A 회사의 제품이 아무리 비싼 투자 금액이 들어간 고 퀄리티의 제품일지라도 B 회사가 책정한 금액의 적정선에서 벗어난다면 그 협상에서의 딜은 불필요한 것이다.

따라서 A 영업 사원이 B라는 회사의 담당자를 찾아가 설득 화법으로 이야기를 한다면 다음과 같이 상대방인 B의 입장에서 이야기를 하는 것이 원칙이다.

"현재 시중에 나와 있는 저희 회사 제품과 유사한 제품들 많이 사용해보시고 비교도 해보셨죠? 그런데 이러이러한 점이 불편하시지 않으셨나요? (고객의 불편과 불만 사항을 건드리며 신제품 욕구에 대한 욕구 자극) 그래서 이번에 저희 회사에서는 고객들의 이런 불편 사항들을 적극 반영해서 새로운 버전으로 출시를 했습니다. 엄청난 연구 시간과 비용을 들인 만큼 타의 추종을 불허하는 국내 유일의 제품이고요. (다른 제품과는 비교가 안 될 정도로 업그레이드 된 좋은 상품이라는 자부심 표출) 현재까지 국내 유일의 제품이다 보니 가격 경쟁력에서도 월등합니다. 그 어디에서도 이처럼 가성비가 높은 제품은 못 만나실 거예요.

기존 제품에 비해 이 제품의 좋은 점이라고 한다면, 기존 제품과 다르게 첫째, 이러이러한 사항들이 개선이 됐고요. 둘째, 이런 사항들이 새롭게 추가가 됐습니다. (상대방의 구매 동기 자극)

그리고 마지막으로 이번 기회에 이 신제품을 구매하시면 이러한 프로모션 혜택을 받으실 수 있습니다. (상대방이 누릴 수 있는 혜택 으로 구매 욕구 재 자극)

어떠신가요? 그래도 기존의 구 버전 제품을 사용하시겠어요? (확실한 한마디로 구매 결정 자극)

자, 위의 수정된 A 세일즈맨의 설득 화법이 어디서 많이 들어본 것 같다는 느낌이 든다면 당신은 TV 홈쇼핑 애청자다.

그렇다. 위와 같은 화법은 설득 심리를 이용한 설득 화법으로 TV 홈쇼핑 방송에서 어렵지 않게 찾아 볼 수 있는 화법이다. 사실 세일즈라는 것은 판매 시장에 자신의 회사 또는 상품을 내어놓고 그 고객을 만나는 시간 내에 클라이언트의 마음을 설득시켜 내가 판매하고자 하는 상품을 사고 싶도록 만드는 것이다.

세일즈 화법은 정해진 시간 내에 상대에게 그 상품에 대한 관심을 불러일으키고 구매 욕구를 자극해서 매출을 발생시키는 홈쇼핑 방송과 크게 차이가 나지 않는다.

실제로 필자의 경우만 하더라도 홈쇼핑 방송을 보고 있노라면, 어쩌면 그렇게도 다 나에게 필요한 물건 같아 보이는지 나도 모르게 무언가에 이끌리기도 하듯 이미 스마트폰 어플로 제품 구매하기 버튼을 누르고 있을 때가 많다.

이렇게 지름신이 이유 없이 강림하는 상황이 비단 필자에게만 있을까? 아마도 방송을 시청하는 불특정 다수의 사람들도 쇼 호스트의 "너무나 좋은 제품, 이번 기회가 아니면 사지 못한다."는 유혹의 목소리에 넘어가서 '아~ 이건 꼭 사야 돼!'라는 간절한 생각과 함께 지금 이 제품을 사지 않으면 나중에 후회할 지도 모른다는 느낌에 사로잡힌 적이 여러 번 있을 것이다.

실제로 홈쇼핑 채널에서 쇼 호스트로 활동하고 있는 친한 지인의 이야기를 들어보아도 쇼 호스트인 본인조차도 다른 쇼 호스트의 방송을 보면 자신도 모르게 그 상품을 이미 주문하고 있다는 재미난 이야기를 여러 번 들은 적이 있다.

그렇다면 홈쇼핑은 도대체 어떻게 소비자에게 그토록 강한 구매 욕구를 불어넣을 수 있는 것일까?

방법은 간단하다. 소비자들이 사지 않고는 못 배길 만큼 그 제품에 대한 매력적인 포인트를 이야기하며 그 제품을 어필하면 된다.

그렇게 하기 위해서는 내가 판매하는 상품을 어떻게 이야기할 것인가에 대한 계획안을 철저하게 짜야 한다.

홈쇼핑이 소비자의 입장에서 그 상품이 어떠한 쓸모가 있는지, 다른 비슷한 상품과 어떤 다른 차이가 있고 경쟁력은 무엇인지, 소구점(상품이나 서비스의 가장 어필하고 싶은 특징)을 정확히 파악해서 소비자의 구매심리를 자극하듯, 당신 역시 내가 판매하는 상품이 얼마나 매력적인 상품인지를 소구점으로 잡아 일목요연하게 정리해서 소개할 줄 알아야 한다.

홈쇼핑에서 매진의 신화를 기록하는 쇼 호스트들은 그 상품이 갖고 있는 매력을 소비자의 입장에서 그 누구보다 잘 파악하고 있으며, 소비자와 공감대를 형성하는데 있어 타의 추종을 불허하는 심리 파악의 고수들이다. 그들의 특징을 잘 파악한다면 영업자들 또한 자신의 클라이언트에게 어떤 방식으로 다가서야 하는지 답이 보일 것이다.

자, 그렇다면 이제 우리가 할 일은 다음과 같다.

첫째, 홈쇼핑 방송이나 TV 광고를 통해 정해진 시간 안에 그 제품을 사고 싶도록 만드는 방법들을 벤치마킹 하기
둘째, 쇼 호스트들이 그 제품에 대해 무엇을 어떻게 인상적으로 PR하는지를 눈여겨보고 기발한 아이디어는 메모해 두기
셋째, 그 메모를 토대로 나의 스피치에 적용시켜 연습하기

이렇게 다양한 방식의 상품 광고를 벤치마킹하면서 노력을 기울인다면 홈쇼핑을 통해 얻은 당신의 주의 깊은 관찰력이 당신을 판매의 왕으로 이끌어줄 것이다.

기억하자. 쇼 호스트가 소비자의 마음을 사로잡듯 당신은 스피치를 통해 '내가 판매하는 상품'이 상대의 마음을 빼앗아 빨리 사고 싶어지도록 상대방의 마음을 단번에 사로잡아야 한다.

세일즈맨이 홈쇼핑 채널의 쇼 호스트와 같은 이러한 스피치 방법을 자신의 세일즈 스피치에 적용시킨다면 어느 순간 그는 세일즈의 신으로 자리 잡을 지도 모른다.

누구와의 소통도 막힘없이 OK!
스피치의 SES 공식

스피치 교육을 하다 보면 종종 자신이 준비한 스피치에 굉장한 자부심을 갖는 사람들을 만나곤 한다.

그런데 무척 재미있는 공통점은 이렇게 자신의 스피치에 만족하는 이들은 대부분 화려한 미사여구로 말을 치장하고, 어려운 고사성어를 무분별하게 사용하는 등 난해한 말들로 도배를 하는 경우가 많다는 것이다.

그러나 이러한 분들이 알아야 할 한 가지 중요한 사실은 '말'이라는 것은 화려하게 치장하고 어려운 용어를 많이 쓴다고 해서 절대로 유식해 보이지 않는다는 점이다.

오히려 어려운 용어나 과장된 표현, 화려한 미사여구를 남발하는 것은 말하는 사람을 허황되고 속 빈 강정으로 보이게 할 수 있다.

자고로 말이든 사람이든 심플할수록 더 강한 인상을 주고 오래도록 기억에 남는다고 했다.

눈을 감고 한번 떠올려 보자. 내가 이야기할 때 나의 이야기에 집중하지 못하고 딴 생각을 하는 상대방을 접했던 기억이 있는지. 만일 있었다면 당신은 어떤 생각이 들었었는가?

십중팔구 '내 이야기가 지루한가?' 혹은 '재미없나?' 아니면 '관심분야가 아닌가?', '아~ 이야기를 접어야 하나?' 등 자신의 이야기에 문제가 있다고 생각했을 것이다.

그렇다. 나의 이야기를 듣는 청중의 반응이 시큰둥하다면 그것은 이야기를 전달하는 화자의 전달 방법 오류에서 비롯되었을 확률이 높다. 그 높은 확률 중 가장 큰 부분이 바로 어려운 말들을 가득 늘어놓으며 이야기하는 것이다.

혹 아직도 이러한 스피치로 소통 장애를 겪는 이들이 있다면 지금부터 소통 스피치의 비밀인 SES 공식을 꼭 일러주고 싶다.

SES 공식이란 S(simple), E(easy), S(short)의 약자로, 복잡하지 않게 말하고, 이해하기 쉬운 언어를 사용하고, 간단명료하게 이야기하는 법칙을 말한다.

사실 이 법칙은 면접 스피치나 영업 스피치, 발표 스피치에만 국한되는 것이 아니라, 모든 일상대화에서도 요긴하게 쓸 수 있는 커뮤니케이션 방법으로, 상대와의 원활환 소통을 위한 가장 강력한 대화 스킬은 바로 누구나가 알아들을 수 있는 쉽고 단순한 표현으로 상대방의 공감을 이끌어내는 것이다.

그러나 핵심적인 말로 압축해서 간단명료하게 이야기하는 것이 절대로 말처럼 쉽지는 않다.
때문에 반드시 이 부분에 있어서는 평소 말할 때부터 훈련이 따라야 한다. 그렇다면 이제 군더더기 없이 필요한 엑기스만 쏙 빼내어 간단하고 짧게, 그리고 쉽게 이야기하는 노하우를 알아보자.

첫째, 말을 다이어트하라.
김자영 작가의 '말을 디자인하면 경영이 달라진다'라는 책을 보면 말을 다이어트하는 아주 적절한 예가 나온다.

> 식당에서 고기를 먹을 때, 고기가 너무 크면 손님이 일일이 잘라서 먹어야 한다. 그러나 적당한 크기로 잘라져서 나온 고기라면 일일이 자르는 수고를 들이지 않고도 편하게 식사를 할 수 있다.
> 이것은 문장에서도 마찬가지이다. 너무 많은 내용이 담겨 있는 긴 문장은 이해하기가 어려워 한꺼번에 소화시키기가 쉽지 않다.
> 여러 개의 짧은 문장으로 나누어 이야기하는 것이 청중들의 이해를 돕고 집중력을 높이는 데 효과적이다.
> 그것을 예문으로 살펴보면 다음과 같다.

"이 제품은 비교할 수 없을 만큼 저렴할 뿐만 아니라 다양하면서도 사용하기 편리한 여러 기능을 갖추었고, 세련된 디자인도 가지고 있습니다."

" 이 제품에는 3가지 특징이 있습니다. 첫째, 가격이 비교할 수 없을 만큼 저렴합니다. 둘째, 기능이 다양하면서도 사용하기 편리합니다. 셋째, 디자인이 세련되었습니다."

_김자영의 '말을 디자인하면 경영이 달라진다' 중에서

두 문장을 육안으로 비교해 보더라도 뒤의 문장이 훨씬 더 이해하기 쉽다는 것을 알 수 있다.

이처럼 말을 전달함에 있어 핵심을 담되 복잡하게 설명하지 말고 심플하게 단문으로 표현해야 한다. 그러기 위해서는 모든 이야기를 준비할 때 글로 먼저 써서는 안 된다.

그 이유인즉슨 글은 특성상 짧으면 딱딱하게 느껴지고 무미건조한 느낌이 들기 때문에 글로 내가 할 말을 준비하다 보면 직접 말로 할 때보다 길어지기 마련이다. 그리고 할 말을 글로 적다 보면 아무래도 쉬운 구어체보다 어려운 문어체 표현이 많아진다.

때문에 그러한 구조의 이야기를 듣는 사람은 더 지루하고 딱딱한 느낌을 받기 쉽다. 따라서 스피치를 준비할 때에는 글을 먼저 써 놓고 그 글을 말로 그대로 옮겨 연습하지 말고, 자신이 하고자 하는 이야기를 말로 내뱉으면서 그 말을 글로 옮겨 적는 방법이 훨씬 더 효과적이다. 그러면 실제로 이야기하듯 말이 어색하지 않고 부드럽게 연결되는 것은 물론, 쓸데없는 말은 생략하게 되므로 두 마리 토끼를 동시에 다 잡을 수 있다.

둘째, 무조건 쉬운 단어를 사용하라.

스피치를 코칭할 때 참으로 답답한 것 중 하나가 본인이 작성한 글임에도 불구하고 자신이 표현하기에도 어려운 단어들로 문장을 꽉꽉 채워 듣는 이조차도 버겁게 만드는 이들이 생각보다 많다는 점이다.

이러한 모습은 특히 면접을 준비하는 면접자들에게 흔히 찾아볼 수 있다. 그 이유는 자신의 스토리를 본인이 만들지 않고 여기저기 짜깁기하여 만들었기 때문에 그 내용이 입에 달라붙지 않고, 말 따로 글 따로의 스피치를 하며 힘겨워하는 모습을 연출하게 되는 것이다.

특히 문어체로 작성된 글을 외우려면 제 아무리 본인이 작성한 글이라 하더라도 쉽게 외워지지 않는다.

평소에 자신이 자주 사용했던 쉬운 표현이 아니기 때문이다. 그러므로 자신이 하고 싶은 말을 글로 쓸 때에는 자신의 입에 착착 달라붙는 쉬운 어휘와 표현으로 무조건 바꿔서 써 나가야 한다.

가령 '난항을 겪고 있다.'라고 하는 것보다는 '어려움을 겪고 있다.'로 하는 것이 나으며, '강추위가 엄습했습니다.'는 '강추위가 찾아왔습니다.' 로 표현하는 것이 좋다.

기억하자! 내가 말하기 쉬워야 남들 귀에도 쉽고 간결하게 들린다는 것을.

셋째, 이야기는 가능한 한 짧고 간결하게 말하라.

'여성의 스커트와 스피치는 짧으면 짧을수록 좋다.'는 말을 들어본 적이 있을 것이다. 이는 유머가 곁들여진 말이지만 실제로 긴 말은 상대방의 집중을 방해하고 이야기를 듣는 동안 수도 없이 딴 생각을 하게 만든다.

더욱이 말이 길면 길수록 가장 힘들어지는 건 그 말들이 수습되지 않아 끝맺음을 하지 못하고 진땀을 빼는 본인들이다. 이처럼 이야기가 길면 마무리가 안 될 뿐만 아니라, 본인이 무슨 말을 하려는지 핵심에서 벗어나 길을 잃게 된다. 그러니 일부러 장황한 말을 늘어놓아서 상대방을 혼란에 빠뜨릴 목적이 아니라면 간결하게 이야기하는 습관을 들이자.

세인트루이스 대학의 연구 발표에 따르면 청중의 집중력은 성인을 기준으로 10~18분이라고 한다. 이 시간이 지나면 그때부터는 주의가 산만해지고 집중력이 흐려진다는 것이다.

'톰소여의 모험'과 '허클베리 핀의 모험' 등 8권의 주요 작품을 저술한 미국의 소설가 마크 트웨인도 "설교가 20분을 넘어가면 죄인도 구원받기를 포기하고 교회를 나가버린다."는 명언을 남겼다.

그렇다. 아무리 좋은 이야기일지라도 듣는 사람들의 인내심에는 한계가 있기 마련이다. 특히나 자신의 관심 밖 이야기를 오랫동안 듣고 있는 것과 같은 고역은 없다.

오죽하면 초등학교 시절 교장 선생님은 거짓말쟁이라는 이야기가 아이들 사이에서 유행이 되어 떠돌았을까.

매주 월요일 아침 조회시간마다 주어지는 교장선생님의 훈화 시간, 그때마다 "마지막으로"를 외치시며 끝날 듯 끝날 듯 끝나지 않는 네버 엔딩 스토리를 무한 반복하던 교장선생님은 아이들에게 있어 약속을 지키지 않는 어른의 표본이었다.

이처럼 장황하고 늘어지는 스토리는 모두에게 환영받지 못한다. 따라서 자신의 이야기를 누구에게나 통하는 말로 전달하고 싶다면 이야기를 할 때 결론부터 이야기하는 습관을 들여야 한다. 왜냐하면 아주 좋은 내용의 이야기라 할지라도, 이야기가 주절주절 길어지다 보면 그 이야기를 듣는 사람은 "그래서 결론이 뭔데? 무슨 이야기를 하고 싶어서 저러는 거야?"라는 생각이 들게 된다.

특히 이야기를 듣는 상대방이 성격이 급한 사람이라면 이렇게 세월아 네월아 식의 언제 끝날지도 모르는 이야기를 늘어놓는 사람을 보면 짜증이 날 수밖에 없다.

그렇다면 자신의 이야기가 핵심을 벗어나지 않고 길게 늘어지지 않기 위해서는 어떠한 스킬이 필요할까?

상대가 내 이야기의 핵심을 잘 파악하도록 하기 위해서는 결론부터 말

하고 이후에 부연 설명을 하는 말하기 방식을 택하는 것이 좋다. 이렇게 결론부터 이야기하게 되면 다음과 같은 일석삼조의 효과를 얻을 수 있다.

첫째, 안정감 있는 청취이다.

결론부터 이야기를 하게 되면 이야기를 듣는 청자는 '아, 오늘은 이러한 이야기가 진행되겠구나'라고 상대가 할 이야기에 대한 전체적인 그림을 그려볼 수 있기 때문에 훨씬 안정감 있는 상태로 들을 수 있다.

둘째, 상대의 이야기를 훨씬 더 집중해서 듣게 된다.

결론을 먼저 듣게 되면 이야기의 최종 목적지를 알고 이야기를 듣기 때문에 상대의 이야기가 언제 끝날지 대략 짐작할 수 있어 집중할 수 있다.

셋째, 상대가 훨씬 더 이해하기 수월해진다.
이처럼 결론이 먼저 등장하게 되면, 이야기의 핵심이 먼저 오픈되어 이해도가 높아진다.

또한 설명을 할 때에도 효과적으로 전달되는 2가지 방법이 있다. 먼저 첫째, 둘째, 셋째 등과 같이 주장에 대한 근거를 알아듣기 편하도록 숫자로 일목요연하게 정리해서 전달하면 이야기가 깔끔해질 수 있다.
또 하나는 결론을 뒷받침할 수 있는 구체적인 사례를 들어 설명을 하면 받아들이는 입장에서도 쉽게 이해할 수 있게 된다.

이처럼 어떤 누구 앞에서라도 막히지 않고 당당하고 거침없이 시원하게 소통하기를 원한다면 이야기를 복잡하지 않고 단순하게, 핵심은 간결하고 짧게, 그리고 쉽게 이야기하는 스피치의 SES 원칙을 오늘부터 실천해 보자.

EPILOGUE

표현과 소통에는 에티튜드가 필요하다

표현과 소통이라는 이름은 사실 필자가 운영하는 스피치 교육업체의 명칭이기도 하다. 사업에 있어 '네이밍'은 참 중요하다.

브랜드 네이밍에 따라 사람들에게 오래도록 기억될 수도 있고, 사람들에게 인식의 가치를 부여할 수도 있는 중요 포인트이기 때문이다. 그러한 이유로 필자도 커뮤니케이션 교육 사업을 하는 데 있어 회사 이름을 짓는 데 신중을 기하지 않을 수 없었다.

그러나 생각만큼 좀처럼 마음에 드는 이름이 떠오르지 않았고, 그렇게 몇날 며칠을 이름 짓기와 씨름하던 중 '우리가 스피치를 하고 커뮤니케이션을 하는 이유가 무엇일까?'에 대해 초심으로 돌아가 다시 생각해 보게 되었다. 그러다 불현듯 스친 생각은 "그래! 우리가 상대와의 대화를 통해 바라는 것은 결국 표현하고 소통하는 것이 아닐까?" 하는 것이었고, 커뮤니케이션의 목적 역시 상대와 조화로운 소통을 하는 것이라는 결론을 내리면서 '표현과 소통'이라는 회사가 탄생했다.

실제로 우리가 살아가면서 참으로 답답하다 여기는 순간들은 매일 같이 만나는 사람들 간에 소통이 제대로 이루어지지 않아 애를 먹는 경우가 상당 부분을 차지한다.

그렇게 소통의 어려움을 겪는 관계들은 매일 같이 한 팀으로 손발을 맞춰 성과를 내야 하는 직장의 팀원일 수도, 함께 한 곳을 바라보며 인생의 동반자로 살아가는 부부일 수도, 무한한 사랑을 주고 있으면서도 때로는 말이 통하지 않아 속을 뒤집어놓는 자녀들일 수도, 인생의 희로애락을 함께 하고 싶은 친구일수도 있다.

내 주변인들에게 일어나는 단편적인 사례들만 보더라도 우리네 일상에서 앞서 언급한 관계들과의 소통 부재로 인해 서로 간에 감정의 오해를 불러오는 경우나, 혹은 잘 되어가던 일이 어그러지는 경우들을 어렵지 않게 볼 수 있었다.

그러한 상황을 직접 눈으로 보고 경험하면서 든 생각은 '도대체 왜 매일같이 만나면서도 서로를 이해하지 못하고 '아'라고 이야기하면 '어'라고 이해하며 불통의 관계를 만들게 되는 것일까?' 하는 궁금증이었다. '분명

EPILOGUE

히 이러한 관계들 속에서 소통이 불통으로 바뀌는 이유가 있을 텐데.'라는 참을 수 없는 호기심에서 비롯된 궁금증들이 결과적으로는 이 책을 내는 데 아주 큰 일조를 했다.

사실 이제야 고백하건대 '표현과 소통'이라는 책의 집필을 시작하면서 나는 이 책에서 어떠한 이야기를 풀어놓으면 좋을 지 목차를 선정하는 데에만 전체의 3분의 1이란 시간을 사용했다. 자신을 표현하고 누군가와 소통을 잘 하기 위해서 필요한 요소요소들이 너무나 많았기 때문이었다.

그러나 이번 책에서는 독자들에게 알려주고 싶은 많은 내용들 가운데 누군가와 관계 형성을 하는 데 있어 기본적으로 필요한 사항에서부터 자신의 생각을 잘 표현하기에 이르기까지 일련의 과정을 담아내고 싶었다. 따라서 이 책에서는 단순한 대화법만이 아닌, 남들과 조화를 이루며 살아가는 방법, 그리고 소통을 하기에 앞서 자기 스스로를 준비된 소통형 인간으로 만들기 위한 기초 스피치 트레이닝, 그 안에서 갖추면 좋을 효과적인 여러 가지 소통법에 대한 이야기를 다루었다.

소통과 화법에 관련된 전문적인 서적들은 일 년에도 몇 수십 권씩 쏟아져 나온다. 과연 그렇게 많은 서적들이 계속해서 세상을 향해 등장하는 이유는 무엇일까? 아무리 강조하고 또 강조해도 사람이 살아가면서 관계를 형성하는 데 있어 소통만큼 중요한 것이 없기에 이 사회가 그것을 요구하는 것이리라.

직업병일지는 몰라도 언제부터인가 생겨난 나만의 습관은 내가 만나는 사람들의 태도나 말투를 나도 모르게 관찰하고 있다는 것이다.

그러한 관찰이 좋았던 점은 관찰을 통해 소통의 어려움을 호소하는 이들의 공통점을 찾을 수 있다는 것이었다. 그 공통점은 바로 전달 스킬의 부족이 아니라 그들의 자세와 태도 문제에서 비롯된다는 점이었다.

그렇다. 실제로 상대와의 진정한 소통에서 필요한 부분은 뛰어나고 화려한 전달 스킬이 아니라 말을 하는 사람과 듣는 사람 모두의 자세와 태도이다. 이야기를 하는 사람은 듣는 사람의 입장을 생각하는 '배려의 언어'로 이야기하고, 듣는 사람은 상대방이 나를 배려하는 만큼 예의를 지켜 들어주고 그의 전달 내용을 놓치지 않고 들으려는 '성의와 집중'을 보여야 한다. 만일 두 사람의 커뮤니케이션 가운데 서로를 배려하는 기본적인 에티튜드가 생략된다면 어떠한 훌륭한 이야기도 둘 사이에서 빛을 발하지 못한다는 것을 기억하자.

EPILOGUE

이제 우리는 '표현과 소통'이라는 책에 실린 5가지 레슨을 모두 마쳤다. 레슨을 통해 배운 것을 우리의 생활에 잘 접목하려면 실전에서 직접 활용해 보는 것만큼 좋은 것은 없다.

소통은 미래를 위한 준비도, 과거를 멋스럽게 포장하는 것도 아닌 현재 자신의 삶을 행복하게 만들어 나가는 우리의 일상이다.

이 책을 선택해 읽어 준 독자들이여! 이 책에서 다룬 다섯 파트의 레슨을 자신의 일상에 접목해서 행복한 인생을 펼쳐 나가길 바란다.